闇バイト強盗、特殊詐欺、盗難
から身を守る

いますぐ防犯

佐々木成三
元埼玉県警 捜査一課刑事

アスコム

Q・まず、あなたに質問です

最近、話題の「闇バイト強盗」ですが
自宅に侵入される前にあることをしたら
一目散に逃げ出しました。
一体、何をしたのでしょうか？

A・答え

「コラー」と大声で威嚇《いかく》した

「え、ウソでしょ!?」と思われたかもしれませんが、本当の話です。

家主が大声を出したことで闇バイト強盗が侵入せずに驚いて逃げた事例もあります。

また、侵入後でも家主が大声で叫んだことで
犯人が逃げた事件が実際にありました。
もちろん、「じゃあ、大声を出せば安心なの？」と言われれば、
一概にそうとも言い切れません。
その場の状況や、犯人の性格によっても変わります。
そもそも、強盗に侵入されない、強盗と対面しないことが
いちばん大事です。
ただ、あえてこのような話をするのは、**犯罪者の実像が**
昔とは変わってきているので、その対策もいままで通りではいけない、
ということをお伝えしたいのです。

例えば、強盗や盗難の対策と言えば、

一昔前は戸締りをしっかりすることでした。

しかし、**最近の強盗は窓を突き破って侵入する**こともあるので

それだけでは不十分です。

その反面、闇バイト強盗の犯人たちは結束力が弱いので、

大声で威嚇され誰かひとりが逃げ出すと、

全員が逃げ出したりします。

そんな状況なので、**実は大したお金をかけずに「いますぐ」できる対策は数多くあります**。何より犯人はいつやってくるか

わかりませんから、いますぐやるべきなのです。

Q・もうひとつ、あなたに質問です

ある日こんな電話がありました。

「警視庁です、あなたのクレジットカードが犯罪に使われています。いまから伺いますのでクレジットカードを用意しておいてください」

どう対応するのが正解でしょうか？

A・答え
ガチャ切りする

「え、**これもそれだけ？**」と思いますよね。
そうなんです、意外と簡単です。
近年、警察官を名乗る詐欺電話が急増しています。
警察からの電話なんて滅多にないので、

気が動転して、まずは身の潔白を証明したいために
相手の言いなりになってしまいます。
しかし、**現実には警察官が「クレジットカードをよこせ」などと**
あなたに要求することはありません。
ですので、すぐに電話を切っても構いません。
何よりガチャ切りするということは、「詐欺だと気づいているぞ」
という犯人への無言のアピールになるのです。
問題は、どんな電話が詐欺なのか、どんな場合に
ガチャ切りをすべきなのか、ということです。

特殊詐欺については、本文の第2章で詳しく言及します。
具体的な事例と、何をしたらいいのかを解説していますので、
ぜひ、そちらをお読みください。

報道等でご存じの方も多いと思いますが、「闇バイト強盗」
「特殊詐欺」など高齢者をターゲットにした犯罪が増えています。
2023年の侵入強盗の発生件数は414件と
前年の約1・5倍に増えています。
特殊詐欺の被害額も令和3年の約282億円から、
令和5年には452・6億円にまで増えています。
「東京など大都市周辺の話」と思っている方もいるかも

しれませんが、それも違います。一例を挙げると、
九州エリアの強盗認知件数は前年の約5割増しなのです。

だからこそ、対策はいますぐ始めてください。

「でも、何をしたらいいのかわからない」

「あんまりお金がなくて、ちゃんとした対策ができそうにない」

そう思われるかもしれません。ご安心ください。


本書では、いますぐできることを、たくさん紹介しています。

例えば、次ページのような内容が載っています。

●そもそも強盗のターゲットにならないために何をどうするか

●お金をほとんどかけずに、強盗の侵入を防ぐには

●万が一、闇バイト強盗が自宅に来たときに確実に身を守る方法

●近所を、怪しい人がうろついていたらどうするか

●もしも、怪しい電話がかかってきたらどう対処するか

●最新の特殊詐欺10の手口

●怪しい電話に対してやっておくべきこと

●詐欺電話の犯人が逃げ出す「すごいひと言」

●ＳＮＳ型投資詐欺や国際ロマンス詐欺にだまされない方法

さらに、あなたの身近に起こり得る犯罪として、

●「置き配」の商品が盗まれないようにするにはどうするか

●あおり運転に巻き込まれそうになったらどうするか

●やはり心配な空き巣対策

●取り締まりが強化されている自転車の正しい乗り方

こうしたことについて解説しています。

特に高齢者を狙った犯罪が増える中、どうすれば

いますぐ自分の身を守れるのか、この一冊ですべてがわかります。

私がかつて、埼玉県警の捜査一課で刑事だった経験を基に、

できるだけわかりやすくレクチャーしますので、ぜひご一読ください。

佐々木成三

第1章

いますぐ「闇バイト強盗」から逃れる

第2章

特殊詐欺にだまされないために「いますぐ」できること　87

第3章

泥棒、空き巣に狙われないために「いますぐ」できること

第1章

いますぐ「闇バイト強盗」から逃れる

「自分だけは大丈夫」はあり得ない

最近、世間をざわつかせているのが、10代から20代の若者たちによる強盗事件。いわゆる「闇バイト」で雇われた、**犯罪の素人である若者が実行犯とされる強盗事件**です。SNSやインターネット上の「即日即金」「簡単作業。日当10万円」「1日で5万円稼げる」などの甘い言葉に誘われた若者たちが、指示されるがままに高齢者宅に侵入し、金品を強奪する。

何より怖いのは、金品が盗まれるだけでなく、住人が暴行を受け、負傷するケースが相次いでいることです。中には、住人が命を落とす事件も発生しています。

「私の家も狙われているかもしれない……」

そんな不安から、毎晩雨戸を閉めるようになったり、玄関のカギの確認をするようになったり、ホームセンターの防犯グッズコーナーに相談に行くなどしている人は多いと思います。
一方で、「うちはお金がありそうな家に見えないから」「こんな田舎に強盗なんて来ないから」「狙われるのは大きな家で、私の家は小さいから」などと、当事者意識が薄い人もいます。はっきり言っておきます。

狙われない家なんてありません。
次に狙われるのは、あなたの家かもしれません。

犯人グループが狙う家を決める際に、闇名簿や闇リストと呼ばれる元資料を持っているとされています。ただし、このリストは大金持ちや資産家ばかりが載っているとは限りません。

- 不動産会社の顧客リスト
- 65歳以上の人が住んでいる物件リスト

● 高齢者ばかりが集まるクラブの名簿
● 学校の卒業生名簿……

こうしたリストをどこからか手に入れた犯人グループは、そこに明記されている名前や住所、世帯構成などから狙う家を決めています。

「私は、個人情報を誰かに話したこともないから、情報は漏れていない」と思っている人は、大間違いです。

銀行口座やクレジットカードをつくったり、インターネットでショッピングをしたり、スポーツジムや習い事の会員になったりなど、名前や住所などの個人情報を記入したり、入力したりする機会はたくさんあります。

もちろん、そうした情報は外に漏れてはいけないものですが、どういうルートかわかりませんが、犯人グループの手に渡っていることがあるのです。

名前や住所などは犯人グループに漏れているという前提の対策が必要です。

「田舎だから……」も、狙われない理由になりません。

強盗はお金持ちが多いイメージのある首都圏や都市部の事件のように思われがちですが、**犯人グループの魔の手は全国に**及んでいます。

警察庁が発表した2022年と2023年の強盗認知件数を比較すると、東京都の増減率は3・1％増。それに対して、群馬県は33・3％増、埼玉県は37・2％増、千葉県は27％増です。

また、九州全県の増減率は54％増です。コロナ禍があけ、各地で強盗が増加しています。

この数値はすべて闇バイトによる強盗というわけではありませんが、**これからは都市部ではなく、むしろ地方のほうが犯人グループに狙われる**かもしれません。事実、北海道や群馬県などでも、闇バイトによる強盗事件は起きています。

コロナ禍あけ2023年から再び増え出した侵入強盗

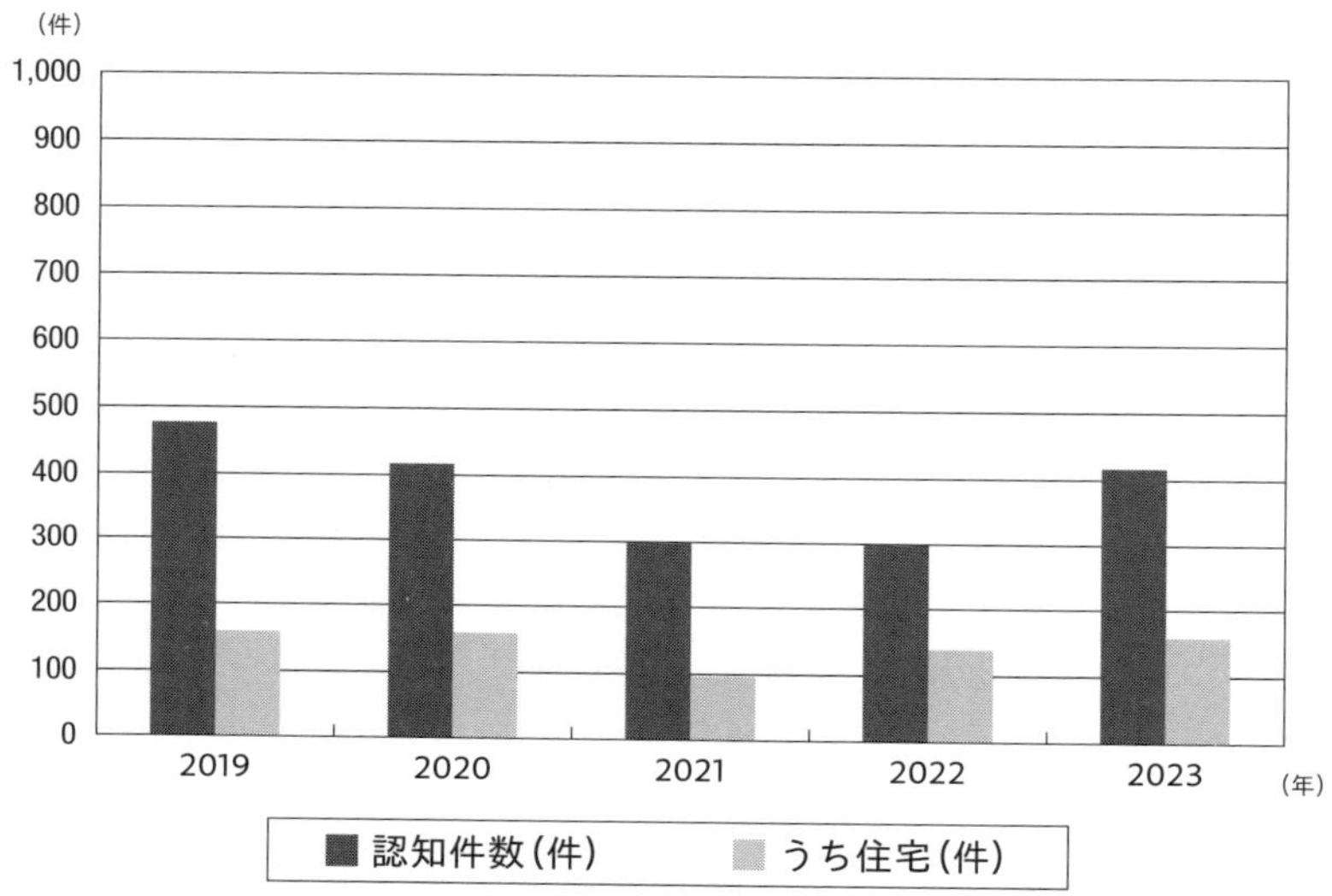

※出典：警察庁「令和5年の刑法犯に関する統計資料」より作成

2023年の侵入強盗の発生件数は414件と前年の約1.5倍に。しかも、そのうち、殺人や致死、傷人、強姦などに至った件数は100件を超える。

いちばん大事なのは、「対面しないこと」

質問　**今夜、あなたの家が強盗に狙われています。あなたは、いますぐにどんな対策をしますか？**

玄関のカギ、窓のカギをかける。
雨戸を閉める。
一日中、灯りを点けておく。
武器になりそうなものを探す。
お金や貴金属類を隠す……。

どれも間違いではありませんが、強盗に入られたときに考えておかなければいけないことは、たったひとつ。それは、**自分の身を守ること**です。

あなたが一生懸命に働いて貯めたお金や思い出のある大切な貴金属が盗られるのは悔しいでしょうが、**強盗に入られたときに絶対に守らなければいけないのは、自分の命（家族と一緒に住んでいるなら家族全員の命）**です。

そのときのために頭に叩き込んでおいてほしいのは、「犯人と対面しない」ことです。犯人と対面さえしなければ、危害を加えられることはありません。

闇バイトによる強盗が怖いのは、**侵入してくる実行犯は金品を盗むプロではなく、バイトに応募した素人**だということです。気づいたら盗まれていたなんて鮮やかな手口で現場を去っていく実行犯は、ほぼいません。

彼らは指示役と言われる犯罪組織の幹部に「侵入して、金を奪ってこい」と言われて、なりふり構わず実行しているだけ。闇バイトの実行犯は、運転免許などの個人情報を指示役に提出しており、逆らえない構図になっています。**なんとかして金品を奪うことに必死**です。

お金や貴金属のありかを聞き出すためなら、住人を縛ったり、殴ったりすることもいといません。経験がないため冷静さを失うことも多く、逃げるためには住人の命を奪うことさえあります。

実際に起きた強盗事件をよく見てみると、被害金額が少額で、「そんな金額でどうして？」と首を傾げたくなるケースも多く見受けられますが、それだけ行き当たりばったりで**「とにかく、何でもいいから金を奪ってしまえ」**という犯行なのが闇バイトによる強盗なのです。

強盗に入られたら、私でも戦おうという考えは持ちません。

なんとしても対面しないようにする。
そして、警察が助けに来るまで待つ。

これが最善策です。それ以前に、そもそも実行犯が家の中に侵入できない対策を施すことも大切です。侵入されなければ、対面することもありません。

これから、その方法を紹介していくことにしましょう。「私の家は狙われないから」と考えていると、いざ狙われたときにどうしていいのかわからず、ジタバタするだけです。いますぐにできる防犯対策を知っているだけでも、枕を高くして眠れます。

侵入前にあきらめさせる①家のまわりはいつもきれいにする

実行犯と対面しないためには、まず、侵入しようとする前に、**「この家は防犯対策をちゃんとしてそうだからやばいなあ」**と思わせることです。慎重なタイプの実行犯なら、それだけであきらめて帰ってくれる可能性もあります。

質問　防犯対策をちゃんとしてそうに見える家とは、どんな家を想像しますか？

- 家をすっぽり覆うような外壁のある家
- 外から見てもすぐにわかる防犯カメラが何台も設置されている家
- 警備会社のステッカーが貼られている家
- 玄関が頑丈そうなつくりをしている家……

見るからに防犯システムが張り巡らされているような家は、たしかに侵入する前にあきらめそうです。

しかし、それだけのお金をかけて家を守れるのは、防犯意識が高く、防犯対策に投資できる財産のある人だけ。一般的には、**「強盗は怖いけど、そこまでのお金はかけられない」という人がほとんど**だと思います。

だからといって何もしなければ、実行犯に「どうぞ侵入してください」と言っているようなもの。指示役の指示通り、実行犯に強盗に入られるだけです。

それでは、お金をかけずに「防犯対策がきちんとしている家ですよ」とアピールする方法はあるのでしょうか。

実は、**1円もかけずに、いますぐにできる方法**があります。

それは、**家のまわりをきれいにすること**です。

玄関の前をゴミひとつないように掃除する。雑草が伸びっぱなしになっているなら、抜いてきれいにする。使ったバケツやほうき、ちりとりなどは物置にしまう。

家のまわりがきれいだと、実行犯に「この家はしっかり管理されている」という印象を与えます。隙がないと思わせる家は、実行犯にとって脅威です。

あなたは、**「割れ窓理論」**という言葉を聞いたことがありますか?

これは環境犯罪学でよく使われる理論で、**小さな問題や犯罪を放置すると、やがて大きな犯罪や社会の荒廃につながる**という考え方です。

例えば、1枚の割られた窓ガラスをそのままにしておくと「誰も気にしていない」というメッセージになり、割られる窓ガラスが増えたり、建物に落書きされたり、放火されるなど、破壊行為がどんどんエスカレートします。

この理論を活用することで劇的に治安がよくなったのが、東京都で最も治安が悪いと言われていた足立区です。2008年からこの理論に基づいた「ビューティフル・ウィンドウズ運動」を実施し、徐々に犯罪認知件数は減り、2019年にはピーク時の８割まで減少したと言います。

家のまわりが汚い人は、いますぐ掃除を始めましょう。

それだけで、犯行の抑止力になるかもしれません。また、**実行犯に、家のまわりに放置しているものを凶器として使用されるリスクを消す**ことにもなります。

ピカピカなら入りづらい

侵入前にあきらめさせる②
知らない人からの電話は会話しない

「見知らぬ人が家のまわりを歩いていて不気味。うちが狙われているのかしら」

闇バイトによる強盗事件がニュースで流れるようになってから、家のまわりを歩いている人を気にするようになったという人は多いと思います。

侵入する前の下見に関して言うと、**闇バイト強盗の下見は雑なのが特徴**です。**頭の中にあるのは、「とにかく侵入して、脅してでも金品を強奪する」ことだけ**で、侵入方法や逃走経路などを深く考えていません。これも素人ならではの犯行と言えるところです。

ただし、どの家を狙うかを決めている**指示役（組織の黒幕と言ってもいいでしょう）**は、事前に電話で下調べをすることがあります。

その役割を担っているのが、調査役という存在です。調査役も、闇バイト募集で雇われた人たちです。闇バイトによる強盗や第2章で解説する特殊詐欺などの犯行が後を絶たないのは、役割が細分化されている組織的な犯行で、**捕まっているのは末端のバイトたちばかり**だからなのです。

調査役が電話で行っている下調べとは、リストに載っている家の状況確認です。これが**「アポ電」**や**「予兆電話」**と言われるものです。アポ電では、次のようなことを聞き出そうと、あの手この手で会話を重ねてきます。

- **住んでいるのは高齢者だけなのか**
- **ひとり暮らしなのか**
- **家の中に金品はあるのか……**

ある70代の女性Aさんには、貴金属買い取りの専門業者と称してこんな電話をかけてきたと言います。

調査役「私、○○会社の○○と申します。不用になっている貴金属があれば買い取りいたしますが……」

Aさん「そうねえ、亡くなった主人の腕時計が5本ありますね」

調査役「いま、闇バイト強盗の怪しい電話が多いと聞きますので、息子さんがいるときにその腕時計を見せていただけないでしょうか」

Aさん「息子も遠くに住んでいていないのですよ」

調査役「わかりました。また連絡します」

Aさんは腕時計があることを伝えていただけに、危ないところでした。

このように、調査役は相手を上手く誘導しながら、狙える家なのかどうか確認しようとします。

対策としては、**登録していない番号から電話がかかってきたときは、電話に出ない、もしくは出たとしても極力会話しない**ことです。

相手に情報を与えると、侵入されるリスクを高めることになります。**ついうっかり出てしまったら、ガチャ切りしても構いません。**自分の身を守ることが最優先です。

とはいえ、つい乗せられて会話を続けてしまったということもあるでしょう。そんなときに大事なのは、電話口の相手に、

- **金品や貴重品に関する話は一切しない**
- **家族構成は教えない**
- **在宅時間などを話さない……**

といったことに留意してください。

「不用になっている品物があれば買い取りいたします」と言われたら、品物の種類や、

実際の有無にかかわらず、「ありません」ときっぱりと答えてください。
「息子さんがいるときにその腕時計を見せていただけないでしょうか」と言われたときも、実際にお子さんがいるかどうかは関係なく「結構です」ときっぱりと断りましょう。

電話口での対応については、後ほど改めて詳しくお話しします。

ただし、相手も上手に誘導してこようとします。
もし、電話を切った後で、「しまった、ついお金や家族のことまで話してしまった」と気づいたときには、

警察相談専用電話「#9110」に相談してください。

これは、いわゆる「110番」とは違います。「110番」は通報する際の番号ですが、「#9110」は相談の窓口です。**些細なことで相談しても構いません。**
「こんな小さなことで警察に電話するなんて気が引ける」などと思わずに、心配事を

率直に話してもらっていいのです。適切なアドバイスがもらえますし、場合によってはしかるべき対処をしてもらえます。

ちなみに、2023年のアポ電の件数は13万1868件でした。2022年と比べたら、1万1424件増えています。

ただし、これは警察に届けられたものだけなので、届けられていないアポ電は年間100万件を超えていてもおかしくないでしょう。それくらいアポ電は、誰の家にもかかってくると思っていてください。

最近は、電気・ガス、リフォーム業者などだけでなく、警察や市役所などの公的機関を名乗ってかけてくることもあるので、登録されていない電話には要注意です。

役割がきっちり分かれている闇バイト

首謀者
強盗の計画を立て、
指示役に指示する。

指示役
闇バイト募集で実行犯を集め、「どこの誰を狙え」という具体的な指示を出す。

実行犯
指示役から指示された通り、強盗を実行する。実行犯は、アポ電、アポ訪問などで下見をする人、家に侵入する人、道具を調達する人、強盗時に見張りをする人、逃げるときの運転を担当する人など、役割が分かれているときもある。

侵入前にあきらめさせる③
見知らぬ訪問者は門前払い

調査役は、怪しい電話をかけてくるだけではありません。**いきなり訪問してくることも**あります。それが、アポ訪問と呼ばれる手口です。

電話と同じように、警察や市役所などの公的機関、電気・ガス、リフォームなどの業者を装って玄関のチャイムを鳴らしてきます。

実際に、2024年10月30日に東京都三鷹市で発生した闇バイト強盗事件では、10月に入ってから事件が発生した家の近隣で市役所職員、水道業者、ガス業者を名乗る不審な訪問者の情報が複数件確認されています。

不審に思った住民のひとりが東京ガスに問い合わせたところ、「三鷹ではそうした報告はない」と言われたとのことです。

彼らの特徴は、狙える家かどうかを判断する情報を得るために、できるだけ家の中

に入ろうとするところです。

特に、家の中に入れてしまうと、あらゆるところを見て回るリフォーム業者には要注意です。金品のありかまでしっかりチェックされてしまいます。

リフォーム業者であれ、公的機関の人であれ、当然ですが、彼らは一度も会ったことがない見知らぬ訪問客です。

予定にない訪問客の場合は、直接対面するのは絶対に避けましょう。

たとえ警察官や市役所の職員を名乗っても、まずはインターフォン越しに相手を確認してください。

最近は手口も巧妙になってきていて、たとえば、警察官を装っている場合は警察手帳を見せることもあります。もちろん、偽物です（42ページ参照）。しかし、ほとんどの人は本物の警察手帳を見たことがないでしょうから、つい信じてしまいます。

偽物の警察官を本物と信じてしまうと、偽物警察官の質問にあれこれ正直に答えてしまいます。

アポ訪問対策としては、**見知らぬ訪問客は基本的にドアホンだけの対応にすること**です。

もし、**話している内容に違和感があったり、危険性を感じたりした場合は110番通報**してください。違和感というのは、先ほどお話ししたように、金品の有無や、金品のありか、家族構成などを聞き出そうとすることです。

ほかにも「なんでこんなことを聞くの?」という不自然な質問があるときは注意が必要です。相手がすぐそばにいるときは、躊躇はいりません。**「こういうことで警察に通報していいのだろうか?」と迷う必要はありません。**通報したら、「110番通報しましたよ」と訪問客に伝えてください。

訪問客が調査役なら、警察に通報されたとわかればすぐに逃げ帰ります。

警察を名乗ったからといって、
すぐに信じてはダメ！
堂々とニセの警察手帳を見せて
くることもある

本物と見分けがつかないニセ警察手帳の例

素人では見分けがつかないので警察手帳だけで相手を信用しないこと

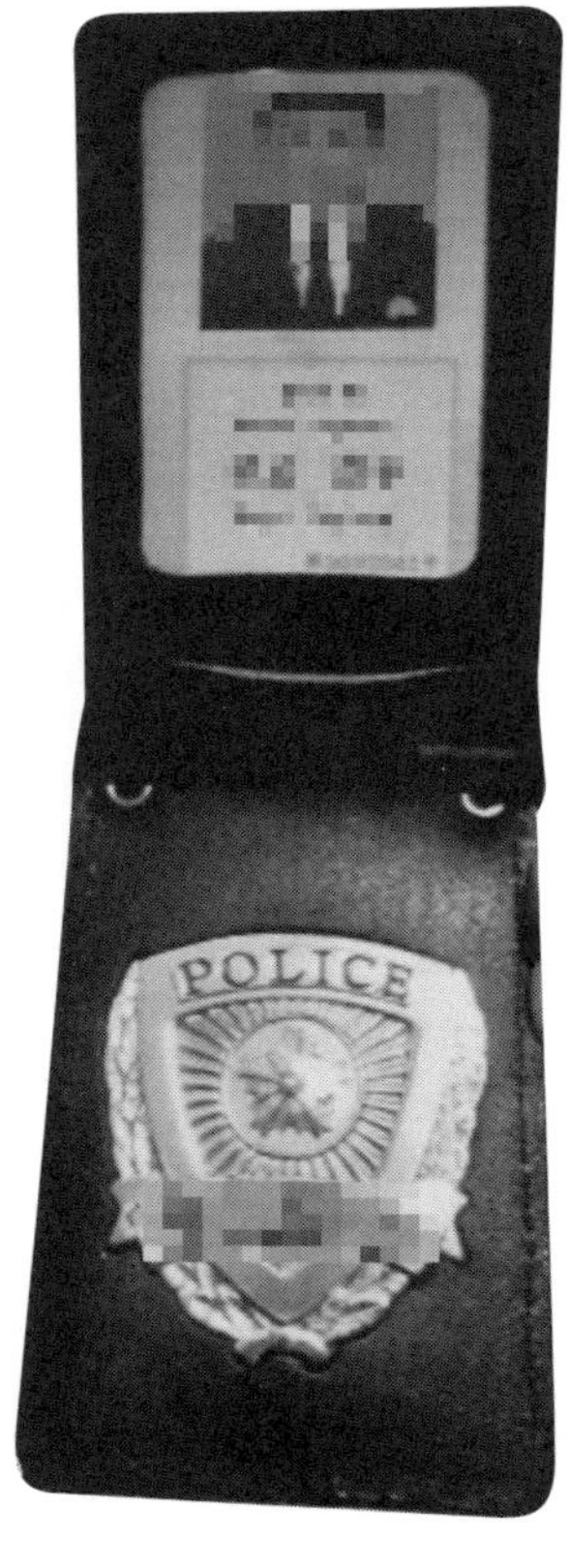

画像提供：長崎県警察本部

侵入前にあきらめさせる④光と音と声で威嚇する

犯人が事前に下見して「この家は、防犯対策がしっかりしてそうだから、ちょっとやばいなあ」と思ってあきらめることもあり得ますが、中には強行突破する人がいるのが闇バイトの怖いところです。

それでも、侵入される前にあきらめさせる方法をいくつか紹介します。

ポイントは、**実行犯に対面することなく威嚇すること**です。

威嚇が効果的なのは、**犯罪に慣れていない闇バイトは、予期せぬことが起きるとすぐに動揺する**からです。そして、心理的に追い込まれると、その場から立ち去ることを第一に考えます。逃げてしまえば、捕まらないからです。

その点、家の中に入られてしまうとやっかいです。**侵入された後に威嚇すると、相手をひるませるどころか、逆に開き直りや狂暴化につながる**からです。だからこそ、威嚇するなら侵入される前がいいのです。

質問　侵入される前に実行犯を威嚇する方法を挙げてみてください。

- **家のまわりに砂利を敷く**
- **防犯カメラを設置する……**

たしかに、砂利の上を歩いて音が出たり、防犯カメラが作動していたりすると、実行犯は侵入しようとしていることに気づかれたのではないかと動揺します。気が弱い実行犯なら、それだけで逃げるかもしれません。

この2つの方法のうち**抑止力にならないのが、実は、防犯カメラ**です。**侵入のプロからすると、カメラの録画は犯罪の証拠になるため避けるのですが、闇バイトはお構いなし**です。

実際、こんな事件もありました。

闇バイト強盗に狙われたある家では、防犯カメラを9台設置していたそうです。それだけ設置していれば侵入をあきらめると思うかもしれませんが、実行犯は気にせず柵を乗り越えて入ってきたのです。私は、その光景を防犯カメラに残っていた画像で見ましたが、あまりにも大胆な行動に驚きました。

もしかすると、実行犯の彼らは、防犯カメラがあることに気づいてなかったのかもしれません。このケースからも、闇バイトの下見が雑なことがわかります。

ただし、この強盗は未遂に終わりました。

侵入に気づいた住人が、実行犯に向かって「コラーッ！」と大声を出したからです。その声にひるんだ実行犯は、一目散に逃げていきました。バールなどの武器になりそうなものを持ったうえで、複数人で侵入しようとしたにもかかわらず、「コラーッ！」と怒られただけで逃げ出したのです。

実行犯を威嚇するのに効果的なのは、こうした声や音、そして光です。

侵入しようとしている人がいたら、眩しいくらいの光を照射する、大きなブザー音を鳴らす、大音量のマイクで声を発する……。実行犯たちは、確実に動揺します。こうした機能を搭載した最新の防犯グッズは、72ページで詳しく紹介します。

いかに早く110番するか。警察が来るまでの約8分をいかに時間稼ぎできるか

闇バイト強盗から身を守るには、まずは侵入されないことです。

しかし、指示役からの「侵入して、金品を奪ってこい」という指示になんとかして応えたい実行犯は、ドアをこじ開けたり、窓を割ったりして強行突破を試みます。

質問　玄関のドアをガタガタする音が聞こえたり、窓ガラスが割れる音が聞こえたりしたら、あなたはどうしますか？

- 逃げ場所を探す
- 武器になるようなものを探す
- ベッドの下に隠れて息をひそめる
- 大きな声をあげて助けを求める

●音が聞こえた場所に確認しに行く……

実行犯が家に侵入しようとしていることに気づいたときにあなたが考えるべきことは、犯人と対面せずに逃げ切ることです。

では、どうすれば逃げ切れるのか。

やるべきことは、**警察（110番）に通報すること**です。

これが、**自分の身を守る最善策**です。

警察は、「強盗です」と通報を受けると必ず出動します。

そして、緊急走行でサイレンを鳴らしながら現場に急行してくれます。

2022年の警察庁の発表によると、110番通報を受けたパトカーがサイレンを鳴らし、赤色警告灯を点灯しながら**現場に到着するまでの時間は、全国平均で8分16秒**と言われます。

「意外と早い」。そう思われましたか。そうです、10分もかからず警察は駆けつけてくれるのです。

つまり、侵入されそうになっても110番通報すれば、**警察が到着するまでの約8分間の時間稼ぎができれば助かる可能性が高い**ということです。

その間、実行犯と対面することがなければ、危害を加えられることもありません。

あなたにとっては、どれだけ早く警察に助けを求めることができるのかが重要になります。

スマホなら指でも声でも簡単に110番通報できる

「いま、110番してください」と言われれば、誰でも、固定電話かスマートフォン（以下、スマホ）で通報できると思います。

しかし、**実行犯がいまにも侵入しようとしている状況で、普段通りに「1、1、0」とボタンをプッシュできるでしょうか。**

指が震えて違うボタンを押したり、力が入らなくて押せなかったりするかもしれませんよね。通報が遅れれば、それだけ危険な状況が続くことになります。

あなたの家に固定電話しかないのであれば、**普段から「110番」の練習をしておくのもいいでしょう。**

そのくらいなら練習なんていらないと思うかもしれませんが、緊急時は気持ちが動転して、普段は当たり前にできることができなくなっています。「1」「0」のボタンがどこにあるのかなんとなく意識しておくだけでも、だいぶ違います。

あなたは、いますぐに、「1」「0」のボタンがどこにあるのか思い浮かびますか？

意外にわからないものです。

実は、**110番通報に関しては、スマホのほうが便利**です。

恐怖で体がガチガチに緊張していても110番通報できるように覚えておいてほしいのが、スマホを使った110番通報です。スマホには**緊急SOS機能**が搭載されていて、指が震えていても簡単に通報できます。

スマホの種類によっては、**指を使わなくても、声だけで110番通報**できます。

Ａｎｄｒｏｉｄスマホ（Ａｎｄｒｏｉｄ12以降）とｉＰｈｏｎｅ（ｉＯＳ11以降）では発信方法が多少異なるので、それぞれの通報のやり方について紹介しましょう。

○ＡｎｄｒｏｉｄスマホのＳＯＳ

方法１・電源ボタンを素早く5回以上押して表示される丸いボタンを3秒長押しすることで5秒間の大きな警報音が鳴り、警察に通報します。ただし、この機能は一部の機種ではオフになっているので、設定でオンにする必要があります。

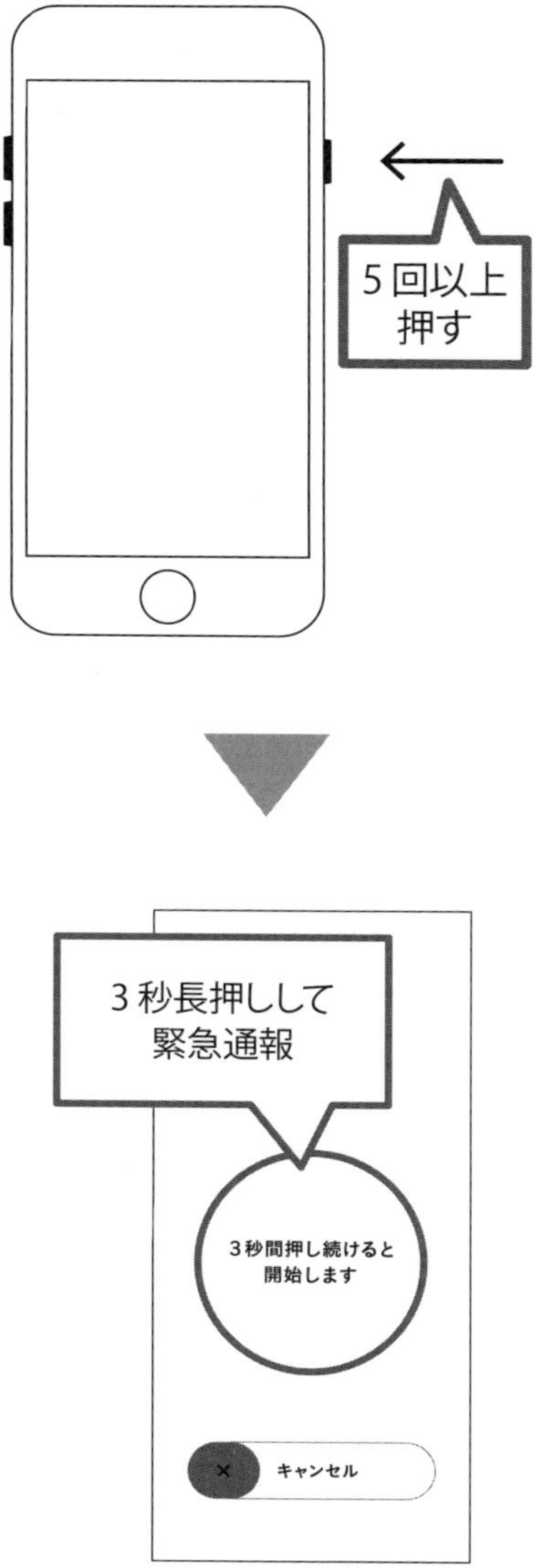

方法2・ロック画面に表示される「緊急通報」を押して110番通報する。この場合、110、119（消防・救急）、118（海上での事件・事故）のみ通報できる状況になります。

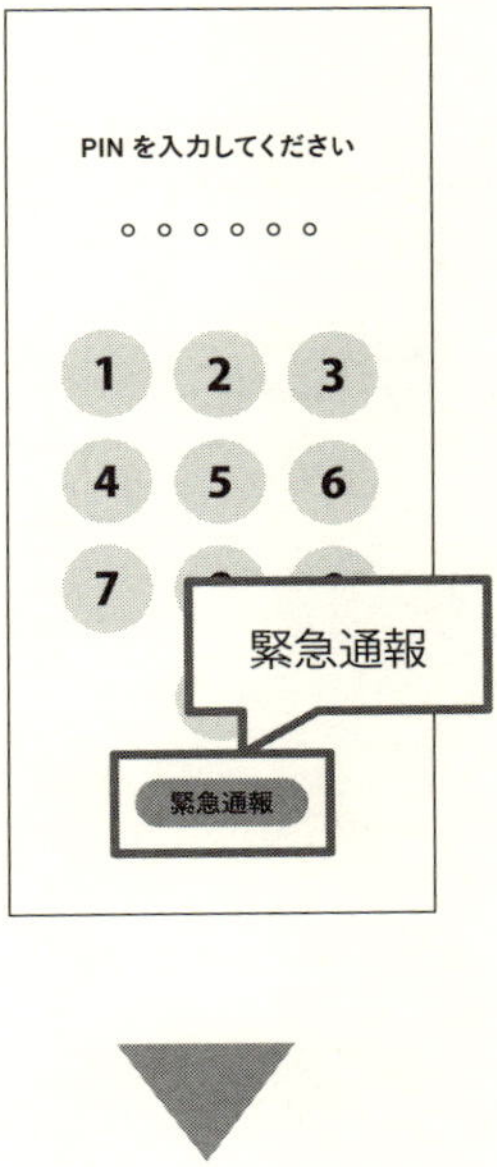

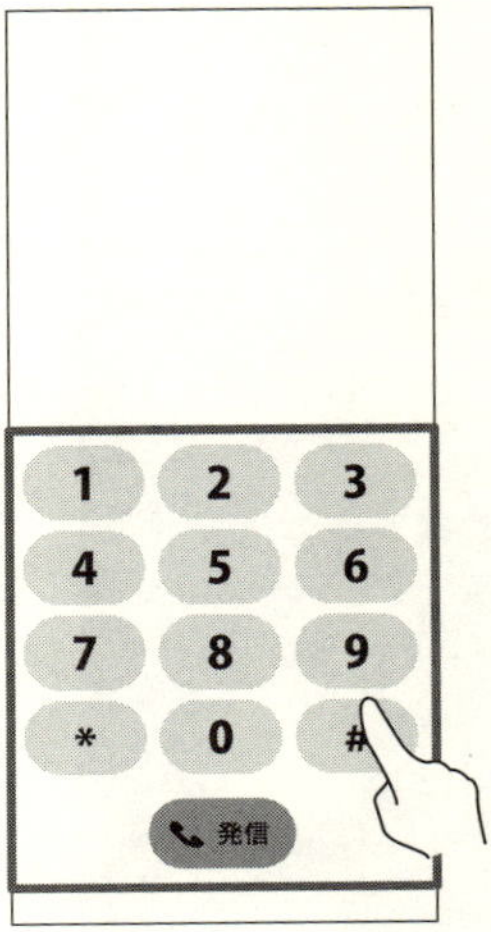

方法３・電源ボタンの長押しで表示される「緊急通報」を押して表示される１１０か１１９を選び、右にスライドさせて通報します。

○iPhoneの緊急SOS

方法1・電源ボタンと音量調節ボタンを同時に長押し（iPhone7以前は、電源ボタンを素早く5回押し）すると「緊急電話」と表示され、スライドして110か119を選んで通報します。しかも、電源ボタンと音量ボタンを長く押し続けると大きな警報音が鳴ります。

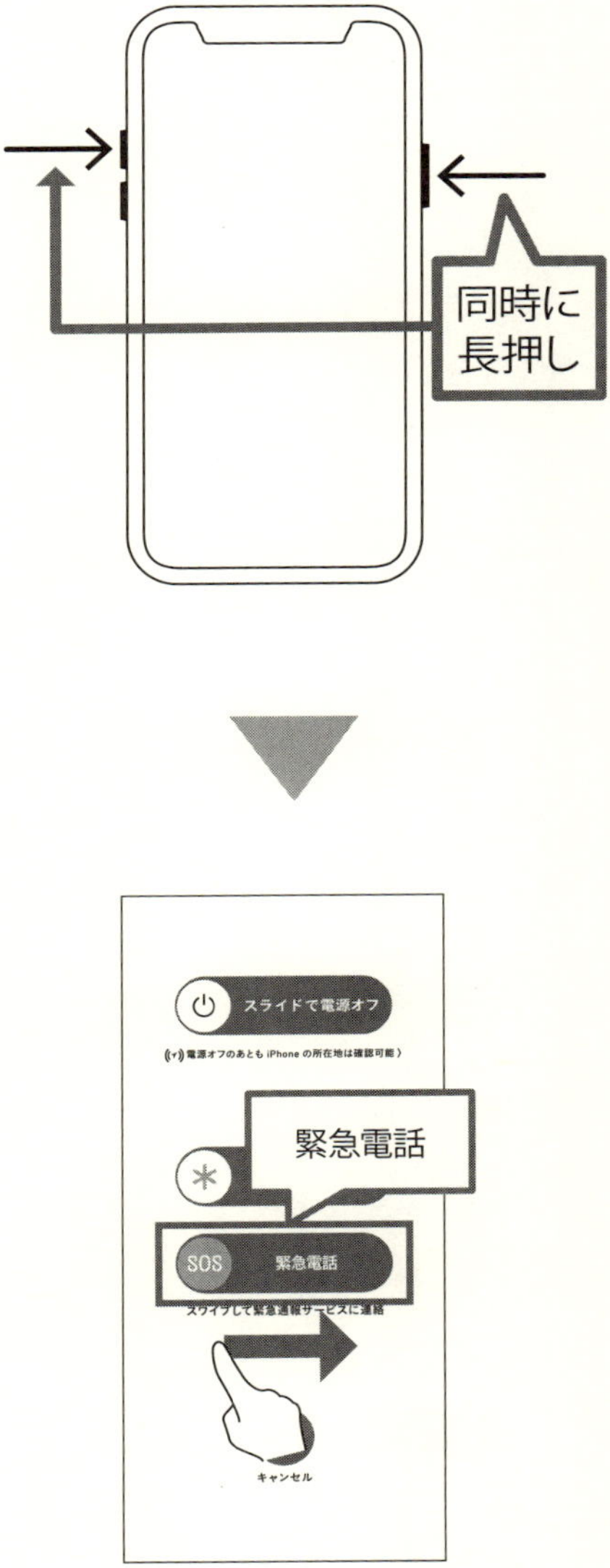

方法2・ロック画面に表示される「緊急」を押すとAndroidスマホと同じように、110、119（消防・救急）、118（海上での事件・事故）のみ通報できます。

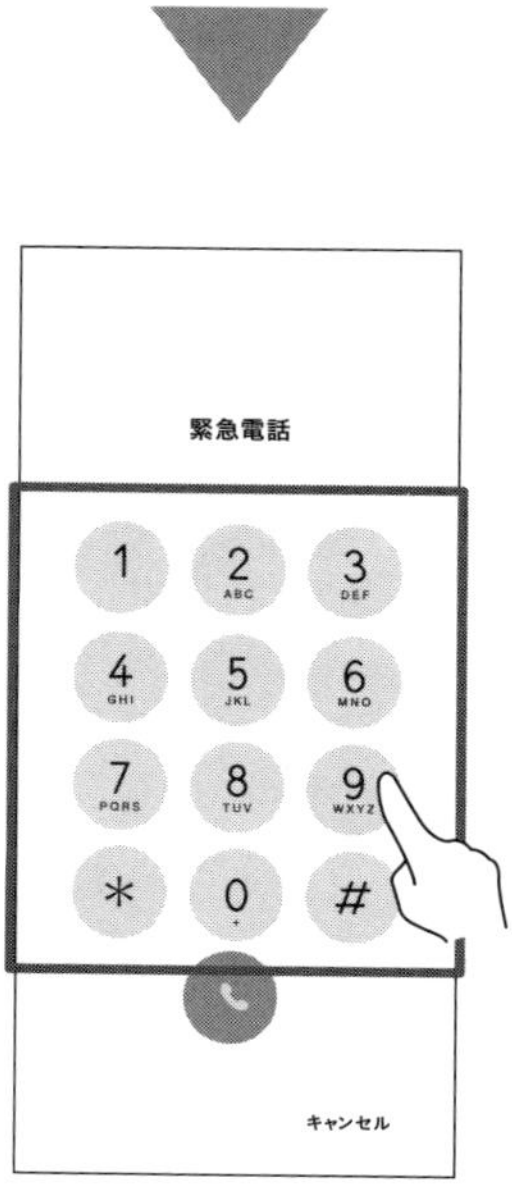

方法3・iPhoneの場合は、音声アシスタント「Siri（シリ）」を使えば声で110番通報ができます。方法は電源ボタンを押して、「Siri、110番にかけて」。これだけです。

質問 **スマホで110番通報したときに、何を伝えればいいか考えてみてください。**

- 名前と住所
- いま、犯人は何をしようとしているのか
- 自分はどこにいて、どういう状況なのか……

現場の状況を細かく伝えたほうがいいような気もしますが、実行犯が近くにいる状況で落ち着いて話せるわけがありません。住所でさえ正確に伝えられるかどうか怪しいものです。でも、安心してください。警察につながったら、次のように伝えるだけ。

「強盗です。すぐに来てください」

スマホで110番通報なら、これで十分です。**110番通報すると携帯番号とGPS（位置情報）が判明するので、警察はすぐに現場に向けて出動できます。**

時間稼ぎ①
玄関ドアは2重ロックにする

8分間の時間稼ぎをするには、**実行犯が簡単に侵入できないような仕掛け**をしておくことです。

さくっと侵入して、さくっと金品を奪って逃げたい**実行犯は、侵入するときに時間がかかるのを最も嫌がります。**現場に滞在している時間が長くなれば、それだけ捕まるリスクが高くなるからです。

実行犯に110番通報したことが伝わっていれば、時間がかかればかかるほど、あきらめて逃走する確率も高くなります。

実行犯の侵入口として考えられるのは、玄関と窓です。

戸建て住宅の90％以上が1階から侵入されていることから、特に1階まわりの防犯対策が重要になります。

まずは、玄関の仕掛けです。

ひとつは、**玄関ドアのカギをCP部品に取り換える**ことです。

CP部品とは、警察庁や国土交通省などの官公庁と民間企業が合同で開発したもので、空き巣の常習犯でピッキング（施錠されているカギを開ける）の技術があっても簡単に開錠できず、抵抗時間が5分以上かかると確認されたものです。

最近の新しい家のほとんどは、CP部品を使っていると思います。空き巣の常習犯は、カギ穴を見ただけで判別できると言います。

空き巣のプロでも簡単に開けられないのですから、素人の闇バイトに開けられるわけがありません。

玄関から入ろうとすれば、カギを破壊しようとするでしょう。それだけ時間を稼ぐことができます。必死になればなるほど焦ってくるので、その間に警察が到着してくれる可能性が高くなります。

もうひとつは、**玄関のカギを2重ロックにする**ことです。

要するに、玄関のカギを2つにするということです。

カギが2つなら、カギを開けるのに2倍の時間がかかります。玄関からの侵入を試みる闇バイトは、おそらくカギが2つあると開錠をすぐにあきらめて、破壊することを選ぶでしょう。

2つのカギを壊すだけの時間を稼げることになります。

2重ロックにするには、業者に頼んで、ドアに工事をしてカギを追加で付けてもらうのがいちばん安全です。ただし、費用や手間もかかりますし、賃貸住宅にお住いの人は工事ができない場合もあるかもしれません。そうした場合には、南京錠のような簡易的なカギでも構いません。

それから、**チェーンロックをきちんとすることも忘れない**でください。それだけでも時間稼ぎの役に立ちます。

時間稼ぎ②　窓のカギのまわりに保護フィルムを貼る

時間がかかる玄関より窓から侵入するほうがらく。そう考えるのは自然です。**玄関のドアをこじ開けるより、窓ガラスを割るほうが簡単**なように思えるからです。

実際、警察庁のデータによると、２０２３年に発生した戸建て住宅の空き巣被害で窓から侵入された割合は55・２％、玄関などの出入口から侵入された割合は20・２％でした。

空き巣のプロではない闇バイト強盗になると、窓からの侵入がさらに多くなるのは間違いないと思います。

窓における時間稼ぎの仕掛けのひとつは、**窓ガラスに保護フィルムを貼る**ことです。防犯対策として、すでに購入したという人もいるのではないでしょうか。

保護フィルムのメリットは、ホームセンターなどで購入でき、自分で簡単に貼れることです。しかし、「うちの窓は大きいし何枚もあるので、手軽に買えると言われても、ちょっとすぐには……」という声を聞いたことがあります。

もしかすると、その人は、すべての窓ガラスの全体にフィルムを貼らなければならないと考えているのではないでしょうか。

簡単に割れないようにしておきたいのは、窓ガラスのカギの周囲だけなのです。ただし、ガラスを割ってもカギに手が届かないようにしたいので、**大きさはA3サイズ以上**を購入するようにしてください。

また、フィルムの厚さが200ミクロン程度ではすぐに破られてしまうので、**350ミクロン**を選ぶといいでしょう。数千円から購入できます。

フィルムを貼るときに注意するのは、ガラスの汚れです。

ほこりやゴミが付いたまま貼ると、ガラスに密着せずにすぐに剥がれる可能性があります。ガラス拭き用のウェットシートなどを使って、しっかり磨き上げてから貼るようにしましょう。

それから、フィルムを貼った後には、窓ガラスの掃除用に使うスクイジーなどを使ってフィルムの外に空気を押し出し、**しっかり圧着させてください。**圧着が不十分だと、防犯性能を十分に発揮できない可能性があります。

もちろん、窓ガラスに保護フィルムを貼れば万全というわけではありません。あくまでも目的は、警察が到着するまでの時間稼ぎです。**侵入の常習者は7分以上手間取ると、7割は侵入をあきらめる**と言われています。

もっとも、闇バイト強盗はそれでもあきらめないケースもありますが、なかなか割れない窓を何度も強く叩く音が気になり始め、侵入をあきらめることは十分にあり得ます。

ちなみに、高価格になりますが、**カギと同じCP部品の防犯ガラスなら、フィルムを貼らなくても簡単に割れることはありません。**

保護フィルムを貼るときの３つの注意点

①サイズと厚さに注意する
窓ガラス全体に貼る必要はなく、カギの部分を中心にA3サイズ以上の大きさのフィルムを貼る。厚さは350ミクロン以上。

③しっかり圧着する
フィルムと窓ガラスの間に空気があると圧着せず、ガラスが割れやすくなる。スクイジーなどを使って空気を押し出す。

②ガラスの汚れを取ってから貼る
ほこりやゴミが付いたまま貼るとフィルムが圧着せず、すぐに剥がれる。窓掃除をするときと同じように、しっかり磨く。

時間稼ぎ③ 窓には補助錠を付ける

窓における時間稼ぎの仕掛けのもうひとつは、**補助錠を付けること**です。家の窓のカギで一般的に使われているクレセント錠は、手が届きさえすれば簡単に開けられます。しかし、**補助錠を付けていれば、たとえカギ部分の窓ガラスが割られても、実行犯はすぐには侵入できません。**

考え方としては、玄関のダブルロックと同じです。窓ガラスを割って侵入できると思っていた実行犯は、補助錠を見てがっくりするはずです。

補助錠にはいくつか種類があるので、紹介しておきましょう。

①ストッパータイプ

窓の上下に設置して開閉できないようにします。取り付けは両面テープで貼るだけなのでとても簡単です。

ただ、カギが付いていないので、実行犯に見つかった場合は簡単に取り外されてしまう可能性があります。

②ロック付きストッパータイプ

ストッパータイプにロック機能が付いたものです。ロック機能があるので、専用のカギや道具がないと取り外せません。

ロック付きも両面テープで貼ったり、サッシに挟んだりするだけなので、誰でも取り付けられます。

③ロック付きクレセント錠

既存のクレセント錠にロック機能を付けるタイプです。この補助錠を使うと、普通は簡単に解錠できるクレセント錠が開けられなくなります。

このタイプは、既にあるクレセント錠と取り替える必要があります。

補助錠は安いものだと100円ショップでも取り扱っています。100円ショップのものは防犯力が高いとは言えませんが、付けないより付けたほうが大幅な時間稼ぎになります。

保護フィルム＋補助錠で時間を稼いでいる間にパトカーが駆けつける、という展開が理想的です。

補助錠も、迷ったらCP認定品を選びましょう。

補助錠は、窓の防犯力を格段に上げます。時間稼ぎのためにも、必ず付けてほしい仕掛けです。

保護フィルム、補助錠以外の窓対策としては、**窓そのものを攻撃されないように、窓の外側に面格子を付けたり、雨戸を取り付けたりするのも有効**です。

強盗事件がメディアで騒がれるようになって雨戸を閉めるのが習慣になったという

人もいるようですが、それだけでも十分な対策です。雨戸をこじ開けて、窓を割ってという行為は、かなりの時間がかかります。

補助錠も立派な防犯対策

時間稼ぎ④ パニックルームをつくる

家に侵入されようとしているとき、どこにいると安全だと思いますか？

実行犯が間近に迫っているときに、どこに身を隠せば安全に逃げ切れるのか気になりますよね。そんなときのために、いますぐ用意してほしいのが、パニックルームです。

パニックルームとは、セーフルーム、セーフハウスともいわれる緊急避難用の部屋です。といっても、新たに部屋をつくる必要はありません。**内カギのある場所をつくっておきましょう**ということです。

内カギが付いた場所なら、万一実行犯に居場所を気づかれても、簡単に入ってこられません。こじ開けている間、時間を稼げます。

質問　あなたの家で、内カギをかけられる場所はありますか？

- トイレ
- お風呂場
- 大きめの洋服ダンス……

これらもパニックルームの候補になりますが、寝ているときに侵入された場合、寝室を出てトイレやお風呂場に移動しなければいけません。移動中に、実行犯と鉢合わせすることも考えられます。

玄関のすぐそばにトイレがあるような家だと、なおさらリスクが高くなります。

理想的なのは、寝室に内カギを付けることです。

寝室をパニックルームとして使えば、寝ているときに侵入されても、１１０番通報して移動せずに警察の到着を待つことができます。

あなたの家が**2階建てなら、寝室は2階のほうがいい**でしょう。**実行犯から身を守るには、1秒でも時間を稼ぐことが肝心**です。

とにかく侵入に気づいたら、

①すぐに110番通報する

②パニックルームの内カギをかけ、警察が来るのをじっと待つ

これが侵入されたときの最も安全な行動です。

パニックルームは
必ず内カギをかける

時間稼ぎ⑤
防犯グッズを利用して光と音で威嚇する

警察が到着するまでの時間を稼ぐ仕掛けに、**最新の防犯グッズを利用する**という手もあります。**ポイントは、実行犯に対面することなく威嚇できるグッズかどうか。**

アポ訪問対策のところで話したように、闇バイトの実行犯は慣れていないため、ちょっと威嚇されると動揺します。緊張して足が止まったり、手が止まったりしてくれれば、それだけ侵入するまでに時間がかかります。

気が小さい実行犯なら、あきらめて逃げてしまうこともあります。

実行犯を動揺させるのに効果的なのが、やはり、光と音です。

最新の防犯カメラには、録画だけでなく、光や音で実行犯を威嚇できる機能が付いています。

例えば、録画していることを堂々とアピールするように光が点きます。どこにあるかわからないカメラより、**「ここにカメラがあるぞ。お前たちをしっかり録画しているからな」と相手に伝わるほうが威嚇に**なります。

防犯カメラによっては、**光が点くだけでなく、警告音がなるタイプも**あります。

また、最新の防犯カメラには人感センサーが付いていて、怪しい人物をカメラがとらえた瞬間に家の中にあるモニターで確認できます。通話機能を使って「誰ですか？通報しますよ」と実行犯を声で威嚇することができます。

もちろん、モニターで怪しい人物を確認したら、すぐに110番通報です。スマホを使った110番通報はかなり大きなブザー音が鳴るので、その音が聞こえるだけでも実行犯は焦るはずです。

窓に開閉センサーを付けるのもおすすめです。

保護フィルムを貼ったり、補助錠を付けたりしても、絶対に侵入されないとは言い切れません。そこで、開閉センサーです。**これを付けておくと窓が開いた瞬間に大き**

なブザー音が鳴り響きます。

さらに、固定電話やスマホに侵入者がいることが届くように設定もできます。

窓ガラスを割られたり、玄関先に人が立ったりすると、センサーが反応して、家の中の電気が点く機能を持ったスマート家電もおすすめです。「住人が起きてきた。侵入がバレた」と思わせるだけでも、実行犯への威嚇になります。

とにかく音を出すのは侵入者の威嚇に有効で、スマホをお持ちでない人は、防犯ブザーを鳴らすのもいいでしょう。侵入されていることに気づいたときに、「強盗だ！」と大声を出すのもいいでしょう。実際、**住人の声にひるんで逃げた実行犯もいます。**

先ほどお話しした、２０２４年10月30日に東京都三鷹市で発生した闇バイト強盗事件でも、複数名で侵入して家主が襲われそうになったのですが、家主が大声を出して抵抗すると、犯人は驚いて逃げてしまったという事例もあります。

ただし、声を出すときも、極力実行犯と対面しないように注意してください。

時間稼ぎ⑥
万一、対面してしまったときの最終手段はLEDライト

ここまでお伝えした対策をきちんと実行すれば、8分とは言わず、もっと時間を稼げると思います。光や音にひるんで、実行犯が逃げる可能性も高いでしょう。

ただし、どんなに防犯対策をしていたとしても、警察が到着するまでに実行犯と対面することが絶対にないとは言い切れません。

質問　もし、実行犯と対面してしまったら、あなたならどうしますか？

- つかみかかる
- 武器を探して戦う
- とにかく逃げる
- 実行犯の言いなりになる……

絶対にやってはいけないのは、実行犯と戦うことです。

「木刀やバットなど武器になるものを置いているので、いざとなったら戦います」と言う人もいますが、必死になっている実行犯を打ち負かせる確率は限りなく低いと思ってください。

相手が複数人なら、なおさらです。

どのような凶器を持っているかわからない、相手が何人いるかわからない状況で、ひとりで立ち向かうのはとても危険です。

実行犯と対面してしまったら、ここでも考えることはひとつ。

いかに時間を稼ぐか。

ここまで紹介してきた防犯対策をしていれば、実行犯があなたにたどり着くまでに、かなりの時間がかかっています。つまり、もう少し時間を稼げれば、警察に助けてもらえるということです。

時間を稼ぐ最終手段としておすすめなのが、LEDライトです。

LED電球を使った小型の懐中電灯は、ホームセンターやインターネットで手軽に購入できます。

このLEDライトの光を、実行犯の目に向けて当てましょう。

光で一時的に視力を奪われた実行犯はしばらく身動きが取れなくなるので、その間に逃げてください。

視力を奪うには**300lm（ルーメン）以上の明るさのLEDライトがおすすめ**です。

また、スマホのライトで代用することを考える人もいるかもしれませんが、光を当てる範囲が小さくてどうしても威力が落ちてしまうのでおすすめしません。

実行犯との距離が近いときは、**催涙スプレーを目に向けて噴射する**のも効果があります。催涙スプレーも、ホームセンターやインターネットで購入できます。催涙スプレーには強い刺激成分が含まれているので、噴射された実行犯には必ず隙ができます。そこを見逃さず、逃げてください。

ただし、LEDライトも催涙スプレーも、あくまでも最後の手段です。持っているからといって、侵入してきた実行犯に自分から向かっていこうなどと考えないでください。

110番通報し、パニックルームに逃げ込んで警察を待つ。

これが、優先する行動です。

万一のために「防犯シミュレーション」をしておく

「実際に侵入されたら、冷静でいられるか自信がありません」

この姿勢は、すごく大切です。「侵入されても逃げ切る自信があります」「本番でも緊張しないタイプだから大丈夫でしょう」などと根拠のない自信のある人もいますが、**頭でわかっていても体が動かなくなるのが緊急時**です。

実際に、**被害にあった経験がない限り、いつものような心理状態で行動できる人はほとんどいない**と思います。

そのために、まずやるべきことは、ここまで紹介した防犯対策の中で事前に準備できることはやっておくことです。犯人はいつやって来るかわかりません。

家のまわりをきれいにしたり、スマホの緊急通知の設定をしたり、窓に保護フィルムを貼ったり、補助錠を付けたり、寝室に内カギを付けたりなどは、いますぐにもできることだと思います。

そして、できる範囲での準備ができたら、侵入されたときの行動シミュレーションをしておきましょう。

- **侵入されていることに気づいたらどうするのか**
- **110番通報はどうやるのか**
- **通報したら、どこに身を隠すのか**
- **万一、実行犯と対面したらどうするのか……**

実際に体を動かして**シミュレーションしておくと、いざ侵入されたときにパニックにならなくて済みます。**こう動けば、警察が到着するまでの時間を稼げるとわかっているだけでも安心できます。先ほどもお伝えしたように110番だって、いざとなれば押せるかどうかわかりません。いまのうちに練習しておくことです。

この手順を寝室のわかりやすい場所に貼っておくのもいいでしょう。

110番通報すれば、約8分後には警察が到着します。それまで持ちこたえれば、あなたの身は守れます。

警備会社に頼めば安心
ただし、コスパが……

闇バイトによる強盗から身を守るための方法を紹介してきましたが、実は、もうひとつ強力な防犯対策があります。

それは、警備会社と契約することです。

警備会社と契約すると、24時間365日の警備体制で、侵入者などの異常を感知したり、住人が非常通報ボタンを押したりすると特別な訓練を受けたガードマンが駆けつけてくれます。

それと同時に、状況によって警察への通報もしてくれます。

つまり、**住人は何もしなくても、あるいはボタンをひとつ押すだけで侵入者から身を守ることができる**というわけです。

また、防犯カメラや人感センサー、開閉センサーなど、身を守るために必要な機器は、警備会社側がプロの目で判断して設置してもらえます。あなたが玄関のカギを付け替えたり、窓ガラスに保護フィルムを貼ったりすることはありません。

さらに言えば、警備会社と契約すると、門扉や玄関、窓ガラスなどに警備会社のステッカーが貼られるため、ひと目で強固な防犯システムで守られている家であることが実行犯に伝わります。それが、大きな抑止力になります。

ただし、**万全の警備をお願いするだけに、防犯システムを設置する費用と24時間365日監視してくれる警備費用がかかります。**

いつ狙われるかわからないリスクにかける費用として高いか、安いか。

その判断はあなたにお任せしますが、少なくとも、警備会社と契約することで大きな安心を得られることは間違いないと思います。

犯人に捕まってしまったら、命が最優先

あらゆる手を尽くしても、警察が到着するまでに実行犯に捕まってしまう場合があるかもしれません。

そのときは、**命を守るために抵抗しない**でください。

おそらく実行犯から、抵抗されないように手足を縛られることになるでしょう。そして、現金はどこにあるのか、キャッシュカードや通帳、クレジットカードがどこにあるのか、宝石や貴金属類はどこにあるのか、脅されることになります。

闇バイトは、指示役から「縛ってでも、暴行してでも、金品のありかを聞き出して奪ってこい」と言われているからです。

この段階になったら、**抵抗しても命を危険にさらすだけ**です。

冷静さを失っている素人ほど怖いものはありません。彼らが何をするのかまったく

わからないからです。

金品を守るためにできることとしたら、家の中に現金や貴金属をできるだけ置かないようにするとか、例えば、貯金残高がない「空のキャッシュカード」などを事前に用意して、何かあったときに犯人の手に渡っても被害が最小限に済む方法も考えられます。

基本的には、実行犯の言うことに従いながら、実行犯の特徴を観察してください。年齢、身長、髪の色・長さ、服装、話し方など、何でもいいので覚えていると、実行犯が逃走したときに捜査の役に立ちます。

こういう事態にならないように、実行犯と対面しないための二手、三手の仕掛けが大切なのです。侵入に気づいたときに110番通報できていれば、その仕掛けのおかげで助かる確率は格段に高くなります。

第2章では、闇バイトを使ったもうひとつの犯罪である「特殊詐欺」にだまされない方法を紹介します。

強盗と比べると身の危険はありませんが、被害総額で見ると圧倒的に多いのが特殊詐欺。あなたにも、詐欺の魔の手がすぐそこまで忍び寄っているかもしれません。

第2章

特殊詐欺にだまされないために「いますぐ」できること

あなたも狙われている。いつだまされてもおかしくない

あなたも、いつ特殊詐欺にだまされても不思議ではありません。

それが、いまの日本です。

「私は大丈夫です」と自信満々な人もいますが、その根拠のひとつが、「私の個人情報はどこにも漏れていないから」というもの。

第1章で話したように、あってはならないことですが、個人情報はどこからか漏れています。そして、その情報は強盗と同じように詐欺グループの手に渡り、ターゲットを探す元データ（闇名簿や闇リスト）になっています。

詐欺においても、個人情報は漏れているという前提での防犯対策が必須なのです。

最近は、詐欺グループが直接（といっても、担当しているのは闇バイトで募集した人たちですが）、**あの手この手を使って個人情報を集める**こともわかってきています。

例えば、**街頭アンケート**。

街を歩いている人に「協力してください。1、2分で終わりますから」。急いでいないときに笑顔で声をかけられると、つい話を聞いてしまうことはありませんか?

しかも、アンケートは、「はい」か「いいえ」で答えられる簡単なものです。これくらいならと記入していくと、最後に名前、生年月日、住所、電話番号、職業、年収などを書く欄があります。書かなくてもいいのですが、アンケートに答えた流れで書き込んでしまう人もいます。

こうして入手した6600人の個人情報から詐欺事件に発展したのが、2024年に住宅ローン詐欺の疑いで3人の男性が逮捕された事件でした。

資産をつくるために投資用マンションを住宅ローンで買いませんか、という話にまんまとだまされてしまったのです。

冷静に考えれば、住宅ローンで投資用マンションを買えないことはわかります。住宅ローンは、契約者が住む前提で金利が低く抑えられているので、投資用など別の目的に転用することは原則禁止されているからです。

それでも１２０人がだまされました。

犯人たちが、12の金融機関からだまし取ったお金は、総額で33億８０００万円だったと言われています。

インターネットのSNS（ソーシャルネットワークサービス）を使って個人情報を集める方法もあります。

あなたは、「抽選で現金3万円プレゼント」「○○人に当たる1万円くじ」など、現金プレゼントやキャンペーンに応募したことはありませんか？

応募すると、「おめでとうございます。当選しました。お金を振り込みますので、お名前、連絡先、口座情報を教えてください」という返信が届きます。この段階で怪しいと思えればいいのですが、目の前に用意されているお金が欲しくて個人情報を伝えてしまう人もいます。

こうして集められた情報は、詐欺グループのターゲット選びのリストになるだけではありません。その情報を使って、**あなたが犯罪に加担させられることも**あります。もちろん、あなたが気づくことはありません。

Bさんは、現金3万円プレゼントで個人情報を教えてしまったひとりです。「当選しました」と連絡が届いて、すぐに3万円が振り込まれたので、その際に口座情報を教えたことを忘れていました。

しばらくして、Bさんの口座に見知らぬ人から100万円が振り込まれました。そして、登録していない番号から電話がかかってきます。

犯人「実は、あなたの口座に間違って100万円を振り込んでしまいました」

Bさん「そうでしたか。どうしたらいいでしょうか?」

犯人「早急に必要なので受け取りに行きます。ただ、Bさんにはご迷惑をかけたので10万円を差し上げます。残り90万円を返金してください」

何も知らないBさんは、濡れ手で粟の10万円に恐縮していましたが、指示通り現金90万円を引き出し、受け取りに来た犯人に手渡しました。

実は、Bさんに振り込まれた100万円は、詐欺グループがある人をだましてBさんの口座に振り込ませたものだったのです。

つまり、Bさんの口座は、**犯罪組織の資金洗浄（マネーロンダリング：悪いことをして手に入れたお金を、正当なお金のように見せかけること）に使われた**ということです。

しかも、Bさんは10万円を受け取っているので、「何も知らなかった」と言っても詐欺罪に問われる可能性があります。

私たちは、気づかないうちに個人情報を漏らしています。

自分で漏らさなくても、契約している会社や登録している団体などから漏れることもあります。そこには名前、住所だけではなく、年収、家族構成、購入履歴、趣味嗜好など細かい情報が載っていることもあります。

そうした情報が詐欺グループに渡っているのですから、**「私は大丈夫」と言える人は、ひとりもいない**はずなのです。

もちろん、**あなたも狙われています。**

いつ詐欺グループから
電話が来るかわからない

特殊詐欺認知件数と被害額の推移

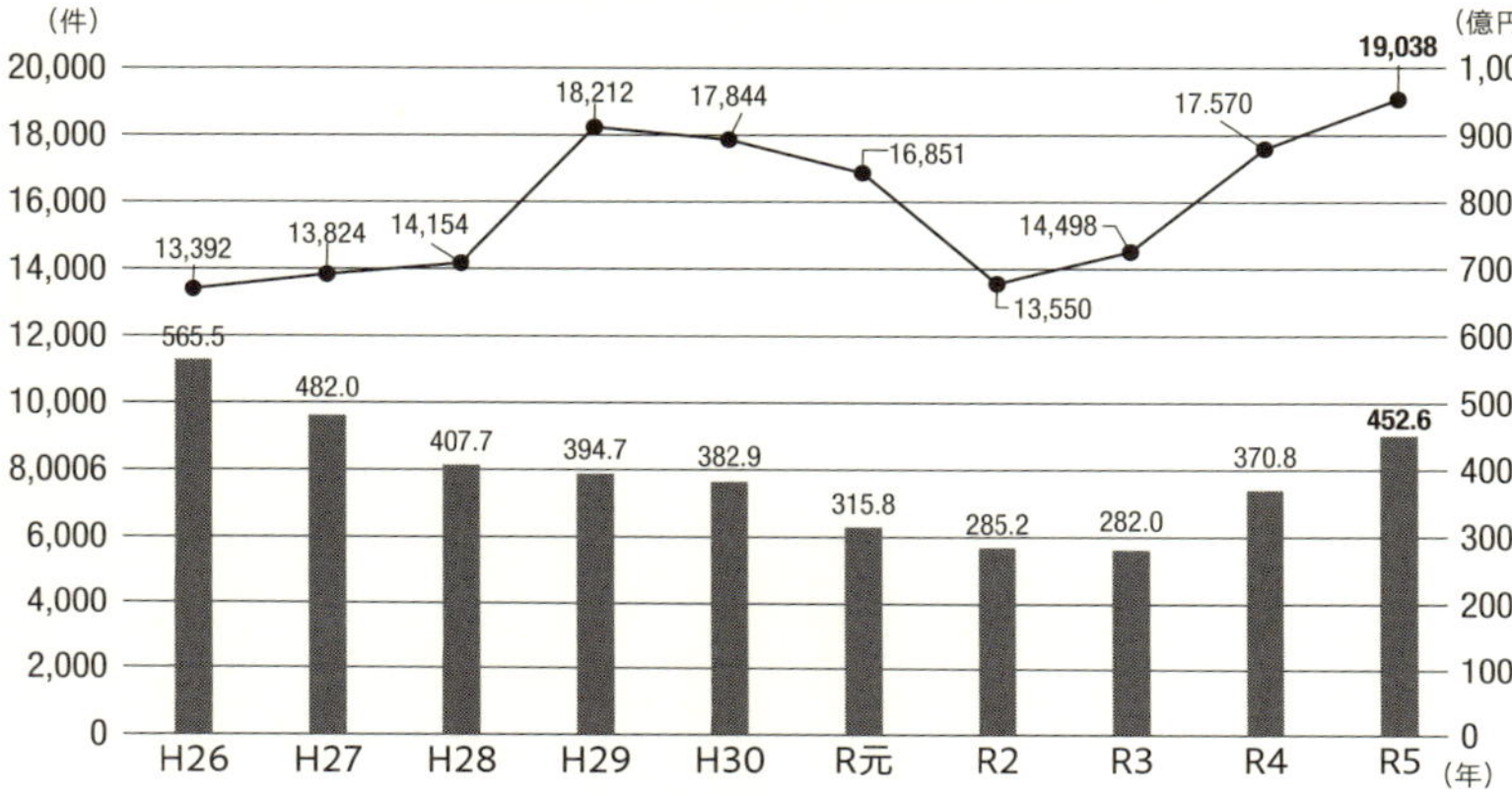

※出典：警察庁「令和５年の犯罪情勢」(特殊詐欺)

特殊詐欺認被害者の年齢層・性別割合

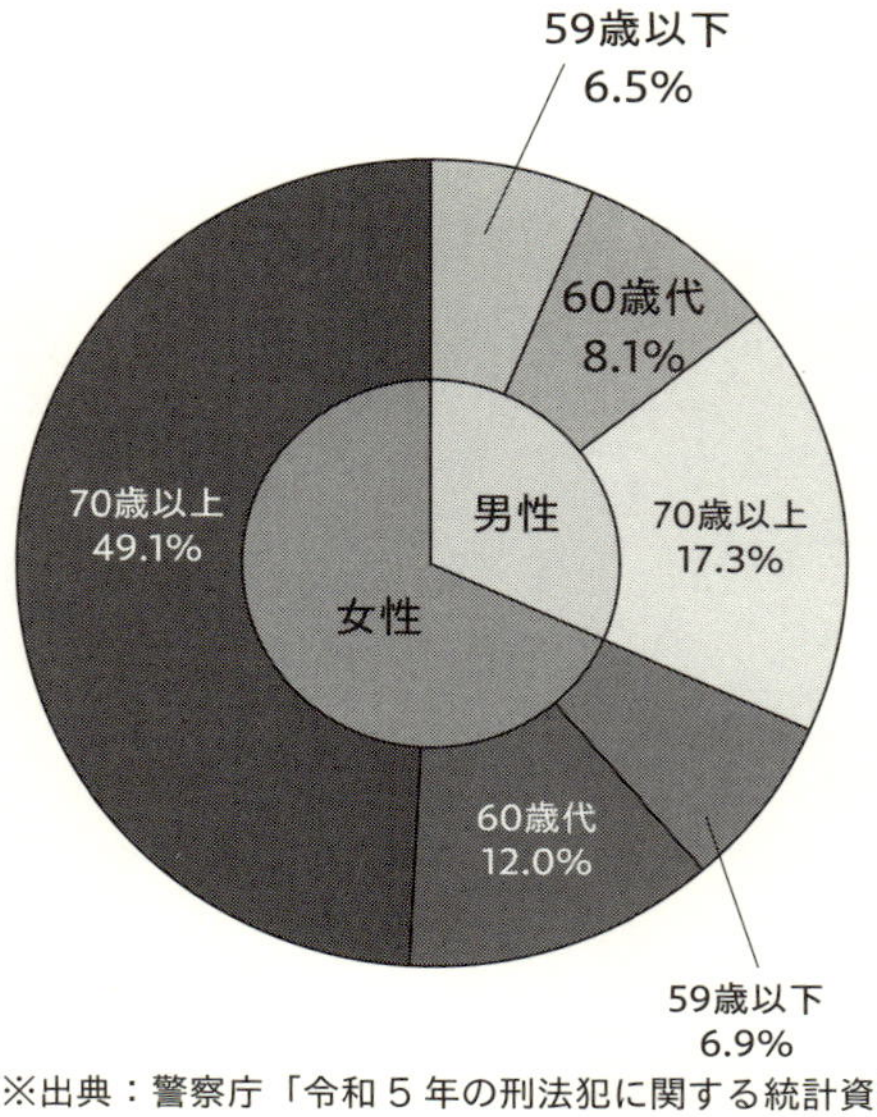

2021年頃から件数も被害額も急上昇。だまされている人は、70歳以上の女性が約半分！

※出典：警察庁「令和５年の刑法犯に関する統計資料」(特殊詐欺)

「オレオレ」なんてもう言わない。最近は警察や行政を騙《かた》るケースが急増

私は、さまざまな場所で防犯の話をさせていただいていますが、集まったみなさんにいつも質問するのが、「特殊詐欺ってわかりますか?」。みなさんの答えは、ほとんど同じです。

「知っていますよ、オレオレ詐欺でしょ」

オレオレ詐欺は、特殊詐欺の手口のひとつでしかありません。しかも、**「オレだよ、オレ」と言ってお金を振り込ませるオレオレ詐欺は、もはや古い手口**で、だまされる人は激減しています。

世の中の人々がその手口を知ってしまったため、「オレだよ、オレ」と言われても、「どちらさまですか?　詐欺ですよね?」と言い返せるようになったからです。

手口が通用しなくなれば新たな手口を考える。それが、詐欺という犯罪です。特殊

詐欺の手口も、どんどん進化しています。

質問　「○○さんですよね。□□県警の△△です」と電話がかかってきたら、あなたはどうしますか？

相手は警察関係者であると名乗っています。しかも、あなたの名前を知っています。相手と会ったことがなくても、警察の人だと思いますよね。これが、特殊詐欺の新しい手口のひとつです。

近年、警察関係者を名乗る詐欺事件が急増しています。

穏やかに暮らしている一般の人は、警察から連絡を受ける機会などほとんどないため、「警察から電話が来た」となると、かなり驚きますし、電話で指示を受けると素直に従ってしまうようです。それが詐欺師の狙いなのでしょう。

しかし、**会ったこともなければ、話したこともない人の電話は、相手が警察だと名乗っても、簡単に信じないでください。**詐欺の可能性があります。

警察を名乗る電話に対して、すぐにできる対策は、かかってきた電話番号を確認することです。

電話番号が、「090」や「080」など個人の**携帯電話番号なら、「すみません、忙しいので」と言って切ってください。**

携帯電話の番号でなかったときは、その警察関係者がどこの警察署（あるいは警視庁、警察本部）の何という部署に所属しているのか、フルネームは何というのかを確認して、いったん電話を切ってください。

その際、詐欺の犯人が「私の部署の電話番号を教えます」と言って嘘の番号を教えてくることがあります。

しかし、必ずご自身で電話帳やインターネットなどを使い該当する警察署の電話番号を調べて、連絡して、**その人物が本当にいるのかどうかを確認**してください。もし、詐欺の電話であれば、該当する人物はいないので、すぐに詐欺だとわかります。

あるいは、警察相談専用電話#9110に相談するのもいいと思います。

スマホを使っている人は、LINE電話でかかってくることもあるかもしれませんが、**LINE電話でかかってくる警察関係の電話はすべて詐欺**です。「□□県警捜査本部」と表示されていてもニセモノです。

警察はLINEのアカウントを持っていません。

警察と名乗る相手と会話してしまったときに、詐欺だとすぐにわかるのは、お金の話をしてきたときです。

警察「あなたの身の潔白を証明するためにお金が必要です」

警察「あなたのキャッシュカードが犯罪に利用されているようです。口座の状況を確認するために、これからキャッシュカードを受け取りに行きますので用意しておいてください。その際、暗証番号も教えてください」

こんなことを警察関係者が口にすることは、絶対にありません。

だまされないためには、警察官と名乗られても、冷静に判断することが大切です。

犯人の手口も巧妙化しています。２０２４年7月、東京都足立区の女性の携帯に岡山県警の警察官を名乗る人物から電話がありました。

「キャッシュカードを他人に渡した疑いがかけられている、容疑を晴らすには保釈保証金を支払う必要がある」と話したので女性が詐欺を疑い、「電話番号が実在するか確かめて」と言われ確認したところ、末尾が「０１１０」で岡山県警本部の番号と一致したのです。

こうなると、普通の人は信じてしまいます。警察関係の電話の末尾が「０１１０」であることを知っている人なら、なおさらです。しかし、犯人は任意の着信番号を表示できる特殊な海外製のアプリを使っていて、実はこれもニセの番号を表示させていただけでした。結局、女性は１９００万円をだまし取られてしまいました。

こうしたケースでは、**海外から発信されているケースが多い**ようです。女性の着信履歴も、よく見ると「＋１（アメリカからの着信）」になっていました。

電話番号を偽装できるケースもあるので、末尾が「０１１０」でも簡単に信じたりせずに、相手の部署や姓名を確認して、自分で本物かどうか確認を取ってください。もっとも、そこまでしなくても**「警察から金品を要求された」という時点で、ニセモノ確定**なので、電話を切っても問題ありません。

警察関係者だけではなく、「市役所の○○課の○○です」「水道局の○○です」と、公的機関を名乗ってだまそうとする特殊詐欺も増えています。

世の中に知られると、次々に手口を変えてくるのが特殊詐欺です。**いますぐにできることは、詐欺の手口を知ること**です。

犯人は「この人は知っているな」と気づいたらすぐにあきらめます。だます相手はいくらでもいるので、知っている人にこだわる理由はないからです。ただし「知らないな」と思えば、とことんだまし続けます。

特殊詐欺の新たな手口を知っているかどうかが、だまされるかどうかの大きな分岐点になることを覚えておきましょう。

複数の人物が登場する劇場型の老人ホーム入居詐欺

特殊詐欺には、**複数の人が次々に登場してだましてくる劇場型**というタイプもあります。

例えば、

①ある給付金のことで**市役所の職員**から電話があって説明される

②その給付金のことで**金融機関**から電話があって説明される

③さらに**警察官**が訪問してきて給付金のことで話をされる

となると、その給付金の話は真実だと思ってしまいます。

しかも、市役所の職員も、金融機関の社員も、警察官も異なる人が演じているので、だまされているほうは、その3人が仲間だと気づけません。

手の込んだ詐欺芝居ですが、**どんな手を使ってでも、お金をだまし取ろうとするのが特殊詐欺**なのです。

この劇場型詐欺で2022年ごろから増えてきているのが、老人ホーム入居詐欺です。詐欺グループは、架空の入居権を譲ってほしい、名義を貸してほしいと、あなたに近づいてきます。手口は、次のような流れです。

①**大手企業の社員**を名乗る人物から電話がかかってきます。

「来年完成する予定の老人ホームの優先入居権が当たりました」

②①の人物から再び電話がかかってきます。

「もし優先入居権を使わないのであれば、入居したいという人がいるので名義を貸していただけませんか、もしくは入居権を譲っていただけませんか」

③ここで、相手の依頼を「いいですよ」と受け入れてしまうと、新たな人物が登場してきます。

例えば、**弁護士**。

「あなたが行ったことは、名義貸しという犯罪になります。入居費600万円をあなたが支払わないと逮捕されることになります」

例えば、**警察官**。

「入居権を譲ったり、名義を貸したりするのは犯罪です。示談金として1000万円用意していただければ、罪に問われることはありません」

例えば、**金融機関の社員**。

「申し込みはあなたの名義になっていますので、いったんあなたの口座から入居金100万円を振り込んでください。後日、返金します」

「あなたは入居権を持っています」

「権利を譲ってほしい」

「名義を貸してほしい」

見知らぬ人から、そんな話を持ちかけられたら、すべて詐欺だと思ってください。

もし、そんな話を持ちかけられたときは、いったん電話を切って、**子どもや親しい人に相談**しましょう。すぐに詐欺だとわかります。相談する相手が近くにいなければ、**警察相談専用電話#9110やお住まいの消費生活センターに相談**してください。

「老人ホーム入居権」に関する劇場型勧誘の相談件数の推移

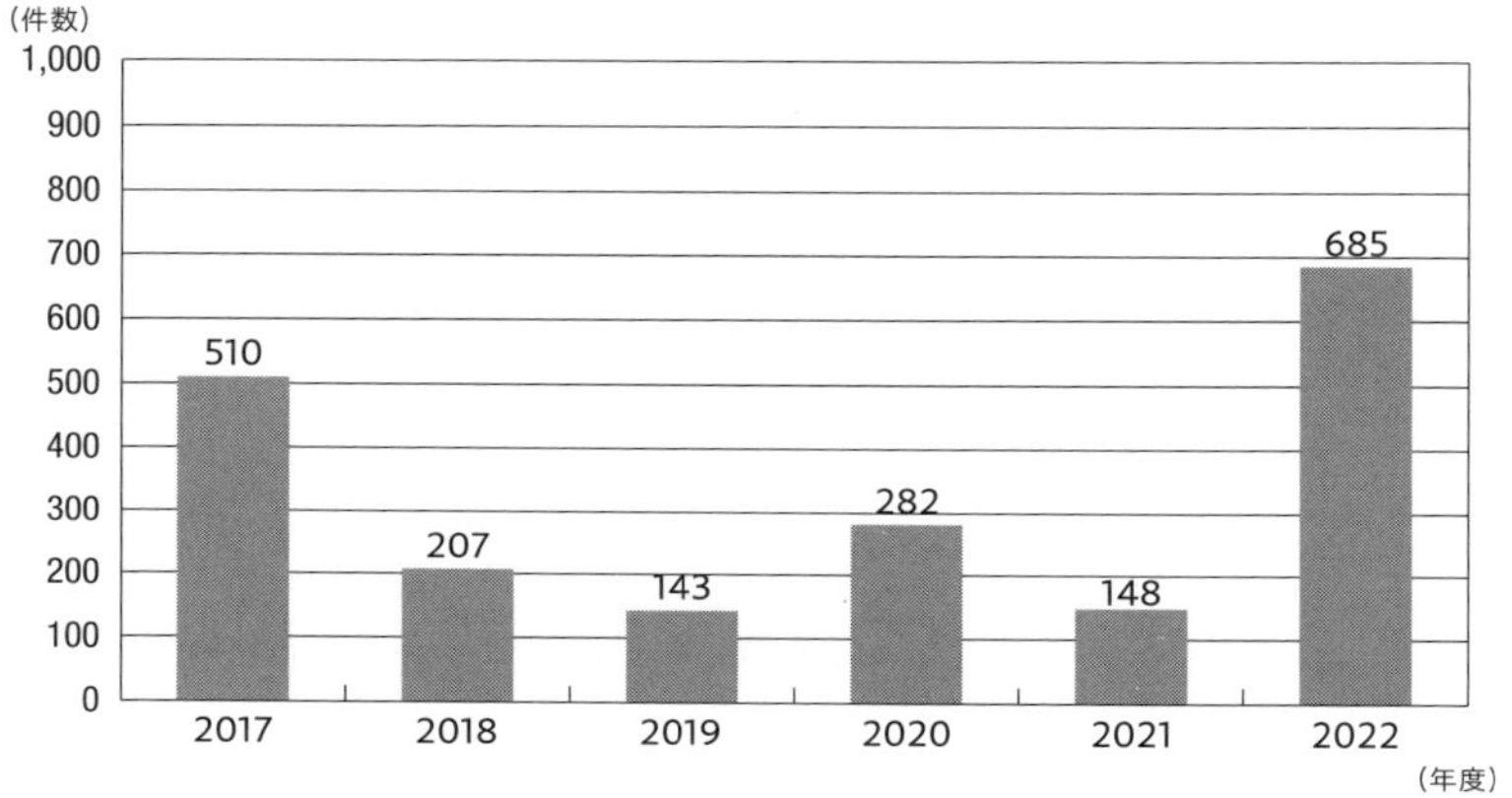

※出典：独立行政法人　国民生活センター（PIO-NET／全国消費生活情報ネットワークシステム）

有名な会社の担当者、市役所の人、警察官、銀行の人などから、次々に連絡が入ると「間違ったことしたのかな」「早く対応しないといけないのかな」など、だんだん不安になってくる。

電話でだまされない最善策は「会話しないこと」

高齢者がだまされる**特殊詐欺で使われる最初のツールは、約９割が電話**です。その多くは固定電話から始まると言われています。携帯電話がひとり1台と言われる時代ですが、まだまだ固定電話を設置している家庭は多くあります。

つまり、**固定電話にかかってきた詐欺グループからの電話にだまされなければ、特殊詐欺の約９割は防げる**ということです。

電話が入り口なら、いますぐにできる絶対にだまされない対策もあります。

それは、**相手と会話しない**ことです。

当たり前ですが、会話しなければだまされないだけでなく、詐欺グループにあなたの個人情報を盗まれることもありません。

質問 **犯人と会話しない方法をいくつか考えてみてください。**

- 登録していない番号の電話は出ない
- ひとりでいるときは電話に出ない（配偶者や家族と住んでいる場合）
- 一日中、留守電にしておく……

どれも相手と会話せずに済むため、だまされることはないでしょう。

ただし、この対策では、詐欺グループがあなたをターゲットから外してくれることもありません。詐欺グループからすると、たまたま電話がつながらなかっただけで、「この人はだませない」とは思っていないからです。

ターゲットから外されないと、またしばらくして、詐欺グループから電話がかかってきます。もしかすると、あなたの知らない新しい手口で電話をかけてきて、つい会話してしまうことがあるかもしれません。**だませる可能性がある家には何度もトライしてくるのが、詐欺グループ**なのです。

怪しいと思ったら即ガチャ切り

私が特殊詐欺対策として居留守や留守電をあまりおすすめしないのは、電話がかかってくると、つい出てしまうのが固定電話のある家庭だからです。特に、**高齢者の中には、かかってきた電話を無視することに罪悪感を覚える人もいる**と思います。

あなたも、電話が鳴ったら、ついつい受話器を取っていませんか。

「それなら、固定電話を解約したらどうでしょうか」と言う人もいます。実際、子どもに解約をすすめられたという人もいます。

しかし、固定電話に電話をかけてくる知り合いや友人もいますし、**高齢者にとっての固定電話は社会とつながる大切なコミュニケーションツール**です。

それをなくすのは、極端な話をすると、社会とのつながりを断ち切るようなものです。友だちや古い知り合い、親族などとの電話での会話を楽しみにしている人はたくさんいます。

受話器を取ってからどうするか。

これが、これからの固定電話での特殊詐欺対策です。私はこのスタイルを、**「攻めの防犯」**と呼んでいます。

面識のない相手からの電話に対して、いますぐできるのが、会話をしていてお金を要求されたり、教わった詐欺の手口の会話であることがわかったら、〝ガチャ切り〟することです。

「あれっ?」と思ったら何も言わずにガチャ切りしてください。「相手に失礼かな……」なんて考える必要はありません。失礼なことをしているのは、詐欺グループの可能性がある相手のほうです。

会話ができなくなれば、相手はもう何もできません。それどころか、「詐欺だとバレている」と思って、二度と電話をかけてこなくなります。

「詐欺じゃない電話をガチャ切りしてしまうかも」と心配かもしれませんが、もし詐欺でないのであれば、電話が切れたらもう一度かけ直してくるので心配いりません。

ガチャ切りは、「詐欺だと気づいていますよ」と相手を威嚇するようなもの。防犯対策がしっかりしている家だとアピールすることができます。

うっかり会話を始めて切りづらくなっても、これだけは絶対に言わない

少しの違和感でガチャ切りできるといいのですが、中には会話を続けてしまう人もいます。会話の途中で電話を切ることがどうしてもできないのでしょう。この傾向はご高齢の人に多いようです。

それが、高齢者が詐欺グループに狙われる理由でもあります。

ガチャ切りに自信がない人は、見知らぬ人から電話がかかってきたときに **〝絶対に話してはいけない〟ことを覚えておいて**ください。**忘れそうなら、固定電話の近くに、はっきり見えるようにメモ書きを貼っておく**のもいいと思います。

話していけないことを守れば、だまされることはありません。

まず、**絶対に話していけないのは、お金のこと**です。

詐欺グループの目的は、あなたのお金を奪うことです。どれだけ会話が続いたとしても、どこかのタイミングで必ずお金の話をしてきます。相手が警察を名乗ったとしても、市役所の職員や誰もが知っている会社の社員を名乗ったとしても、**お金の話が出てきたら、詐欺の可能性が高い**と思って構いません。

ガチャ切りは失礼だと思っている人も、だまって受話器を置いてください。それで終わりです。もし、税金や光熱費、利用料などを払い忘れている件での電話だったとしたら、内容証明などで送付されてくるはずです。

お金の話は、「○○○万円必要」「○○○万円用意して……」「○○○万円あると……」など、具体的な金額を要求してくる会話だけではありません。あなたの資産状況を確認してくることもあります。

「世帯年収はどのくらいですか?」

「預貯金はどれくらいありますか?」

「金融資産はありますか?」……

見知らぬ相手に、こうしたお金の話もしてはいけません。

詐欺グループは、闇バイトの強盗犯と同じように、下調べのための電話をかけてくることがあります。目的は、**個人情報の上書き**です。例えば、会話の中でこんなことを聞いてきます。

「いまは、ご家族と一緒にお住まいですか？」
「マイナンバーカードはお持ちですか？」
「老人ホームの利用を考えたことはありますか？」
「口座のある銀行はどちらですか？」……

どれも見知らぬ人に伝えるべきことではありませんが、気をつけていないと会話の流れでつい口を滑らせることがあります。この情報から、後日、詐欺の電話がかかってくる可能性は否定できません。

お金の話と個人的な話はしない。それだけで、だまされることはなくなります。

犯人が恐れる「録音します」のひと言。録音機能付き電話を活用する

質問 **詐欺の電話をかけてきた相手が、恐れていることは何だと思いますか？**

詐欺グループは、詐欺だとバレることを恐れていません。

そもそもターゲットを全員だませるとは思っていないし、詐欺だと気づかれても、電話を切れば（ターゲットに切られる場合もありますが）、警察に捕まることはほとんどないからです。

詐欺グループが恐れるのは、自分たちの素性がバレることです。

素性がバレると、警察から追い詰められるリスクが高くなるからです。逆に、素性さえバレなければ、何度も詐欺行為をくり返せるということでもあります。

そこで、おすすめの攻めの防犯が、〝**相手の声を録音する**〟ことです。

実は、詐欺グループは、自分の声を録音されることを極端に恐れます。その声から、素性がバレる可能性があるからです。もちろん、詐欺の手口もわかります。

相手の声を録音するには、迷惑電話防止機能付き電話が便利です。

例えば、**登録されていない番号から電話がかかってくると、「この通話は録音されます」と発信者に通知**されます。電話をかけたのが詐欺グループなら、この通知だけで電話を切ることもあるでしょう。

通知を無視して通話を始めると、その時点から録音が始まります。そして、**通話している間、電話機のディスプレイには「迷惑電話の可能性があるので注意してください」と表示され注意喚起**してくれます。

迷惑電話防止機能は、ついつい会話してしまう人には、とても便利です。

また、録音した内容を後から聞くことができるため、個人情報を漏らしていないか確認できるし、怪しい相手だったときは家族や友だちなどに聞いてもらうこともできます。もちろん、その録音で、警察にも相談できます。

電話機に迷惑電話防止機能が付いていると、だまされる確率はガクンと落ちます。なぜなら、**詐欺グループがあなたをだますには、2段階の壁がある**からです。

1段階目の壁は、**自分の声が録音される**ことです。

2段階目の壁は、**「この電話は詐欺かも」と意識している相手と会話しなければいけない**ことです。

詐欺グループは、捕まる危険をおかしてまで、あなたをだますことにこだわりません。というのは、彼らが持っているリストには、まだまだたくさんのだませるかもしれないターゲットが残っているからです。

もし、いま持っている電話機に**迷惑電話防止機能が付いていない場合は、「録音しますね」と断ってから会話を始める**のもいいでしょう。

それだけでも威嚇になります。

減税、還付金、給付金、マイナカード経済イベントには要注意！

見知らぬ人からの電話なのに、**ついつい会話してしまうのは、話してくる内容が気になっていることだったり、身近なことだから**です。

質問　**いま、あなたが気になっていることは何ですか？**

- 老後の資金のこと
- 老人ホームや介護施設のこと
- 遺産相続のこと
- お墓のこと……

そうした話題は、詐欺グループの格好のネタになります。「老後の資金に不安はありませんか?」なんて聞かれると、「実は年金だけでは……」「100歳まで生きると考えると……」などと、話し始めてしまうことがあるのではないでしょうか。

注意したほうがいいのが、減税、還付金や給付金、マイナ保険証の一本化など、誰もが興味を持つ経済イベントです。詐欺グループは、そうしたイベントがメディアでにぎやかになると、すぐに使ってきます。

「定額減税には、払い戻しのための銀行口座番号の登録が必要です」
「還付金を受け取るには、ATMでの手続きが必要です」
「給付金を受け取るには、手数料が必要です」
「給付金の申請手続きには、お名前や住所だけでなく、年収や預貯金などの情報が必要になります」……

詐欺グループは、国税庁や税務署の職員、市役所の職員などを装って、個人情報を聞き出したり、銀行の窓口やATMで現金を引き出させたりしようと、電話をかけてきます。

もっともらしいことを話しますが、すべてウソ。

電話の相手が**お金の話をしてきたら、どんなテーマの話でも詐欺の可能性が高い**と思ってください。1回の電話で簡単に信じたりせずに、税務署や市役所に問い合わせたり、国税庁や自治体のホームページなどで確認すると、すぐにわかります。

2024年12月2日から**マイナンバーカードと健康保険証が一本化されたことを使って、個人情報を盗もうとする詐欺電話も**増えています。

例えば、厚生労働省や市役所などの職員を装った犯人から、「紙の保険証からマイナ保険証への移行を行うので、音声案内に従って手続きしてください」と、電話がかかってきます。

厚生労働省や市役所などが音声案内を使って、手続きを依頼することはありません。

もし、マイナンバーや暗証番号などを答えてしまった場合は、「マイナンバー総合フリーダイヤル（0120‐95‐0178）」に問い合わせてください。

相手が警察でも、行政でも「一度確認する」をクセにする

登録されていない番号からかかってきた電話でも、「警察ですが……」「市役所の者ですが……」など公的機関を名乗られると、安心して話を聞いてしまいがちです。

しかし、公的機関だからといって安易に信じてはいけません。**詐欺グループが公的機関を名乗るのは、常套手段**だからです。

そこで、あなたに習慣にしてほしいのは、電話の相手が警察の人でも行政の人でも、〝一度確認する〟ことです。

確認のためにやるべきことは、次の2点。

①相手のフルネームを聞く

②部署を聞く（警察でも市役所でもいろいろな部署があるので、どこの所属なのか聞いてください）

名前と部署を聞いたら、「いま、忙しいので後ほどこちらから連絡します」と言って、電話を切ってください。

この段階で、部署を答えられなかったり、理由を付けて部署を伝えることをためらったりしたら、詐欺の可能性があります。ガチャ切りして構いません。

いったん電話を切ったら、**名乗った警察や行政機関に電話して、電話をかけてきた人が実在するのか確認**してください。実在する人であれば、その人につなげてくれます。不在なら、再度電話がかかってくるはずです。

こうした確認作業に対応して、次のように言ってくる詐欺グループもあります。

「部署の電話番号はこちらです。確認してください」

でも、絶対にその番号にかけてはいけません。

なぜなら、その番号は詐欺グループが用意している電話で、かけたら「その警察官は所属しています」「彼はこの部署で働いていますよ」とだまされるからです。

警察や行政機関の電話番号は、必ず自分で探して確認するようにしましょう。

第1章でニセの警察手帳の話をしましたが、最近の詐欺グループはとにかく手が込んでいて、だますためにいろいろな手を打ってきます。

例えば、**逮捕状を持って訪れることも**あります。**もちろんニセモノ**です。専門家が見れば一発でニセモノだとわかる代物《しろもの》ですが、一般の人にはわかりません。逮捕状を見せられると誰でも動揺します。そして、「キャッシュカードが不正送金に使われた」と言われれば、身に覚えがなくても「そうかもしれない」と思ってしまいます。

そこで、ニセの警察官から「身の潔白を証明するために捜査が必要です。家にある現金を確認させてください」。言われた通りにしてしまうかもしれませんよね。

しかし、**捜査のために警察官がお金を要求することはありません。**冷静に考えると、誰が見ても絶対におかしいとわかりますが、逮捕状が詐欺の手口であることを知らないと、まんまとだまされる可能性があります。実際、９９００万円をだまし取られた人もいます。

お金を動かす前に、必ず家族、警察に相談する

どんなに気をつけていても、言葉巧みにお金の話に誘導する詐欺グループのテクニックに乗せられて、現金を用意したり、振り込んだりすることに同意してしまうかもしれません。

しかし、それでもまだ、あなたはだまされていません。

というのは、**同意した時点では、詐欺グループに自分のお金が渡っているわけではない**からです。

最近は、詐欺事件を未然に防ぐために、銀行やコンビニのＡＴＭで高額なお金を振り込もうとする人がいると、銀行員や店員が「大丈夫ですか？　どういうお振り込みですか？」と、声をかけてくれるようになりました。

しかし一方で、詐欺グループは、その動きに対応するための策も考えているようです。

例えば、あなたがコンビニのＡＴＭで振り込み操作を始めると、詐欺グループの一人が店員にクレームを入れる。店員がクレーム対応している間に、あなたの振り込みが終わるという戦略です。

周囲の助けはありがたいことですが、あなたの大切なお金をだまし取られないために、最後の最後で防ぐ手立てもあります。

それは、**お金を動かす前には、必ず誰かに相談する**ことです。

家族や友人でもいいし、警察でもいいと思います。「市役所から、〇〇〇の手続きで〇〇〇円振り込んでくれという電話があったんだけど……」「キャッシュカードを誰かに使われたようで、示談金に〇〇〇万円必要だと警察から言われたんだけど……」などと相談してください。

詐欺の手口を知っている人や機関であれば、お金を動かすことを止めてくれます。

警察であれば、警察相談専用電話＃９１１０にかけてみてください。全国どこからでも、電話をかけた地域の警察本部にある相談窓口につながります。

特殊詐欺10の手口、全部知っていますか？

詐欺グループにだまされないためには、詐欺の手口を知ることです。知っていれば、電話がかかってきても、家を訪問されても、「これは詐欺かもしれない」と冷静に判断ができます。

逆に、**知らなければ、不安なあおりに動揺してしまい、詐欺グループの思うツボになり、だまされてしまいます。**

ここまで話してきたように、特殊詐欺＝オレオレ詐欺というのはもう古い話で、詐欺グループは、あの手この手と手口を進化させてあなたをだまそうとしています。

質問 **あなたは特殊詐欺をいくつ知っていますか？**

現時点で特殊詐欺は10あると言われています。ひとつずつ解説しましょう。

1・預貯金詐欺
2・キャッシュカード詐欺盗
3・架空料金請求詐欺
4・還付金詐欺
5・融資保証金詐欺
6・金融商品詐欺
7・ギャンブル詐欺
8・交際あっせん詐欺
9・オレオレ詐欺
10・その他の特殊詐欺（1～9に該当しない特殊詐欺）

1・預貯金詐欺

あなたのキャッシュカードや預金通帳などをだまし取る詐欺です。

例えば、次のような手口で、あなたをだまします。

①犯人は、自治体の職員を装って、「医療費の払い戻しがあるのですが、振り込みにはキャッシュカードを取り替える必要があります」と電話をかけてきます。
②金融機関を名乗る犯人から、「○○さんから連絡があったと思いますが、手続きのためにキャッシュカードが必要なので受け取りに行きます。その際、カードの暗証番号も教えてください」と電話連絡があります。
③代理人と名乗る犯人が自宅を訪問し、キャッシュカードを受け取ります。

警察などの公的機関や金融機関の職員などが、あなたのキャッシュカードや預金通帳を預かりに来たり、暗証番号を聞いたりすることはありません。

2. キャッシュカード詐欺盗

あなたのキャッシュカードなどを、すり替えて盗む詐欺です。

例えば、次のような手口で、あなたをだまします。

①犯人は、警察官を装って「あなたのキャッシュカードが不正に利用されているので、預金を保護する手続きが必要です。キャッシュカードの確認に行くので用意しておいてください」と、電話をかけてきます。

②犯人のニセ警察官やニセ銀行員が自宅を訪れ、「大切に保管しておいていただきたいので、この封筒にキャッシュカードと暗証番号を書いたメモを入れてもらえますか」と、封筒を渡します。

③封筒にキャッシュカードと暗証番号のメモを入れたところで、犯人は「封筒に割印が必要なので印鑑を持ってきてもらえますか」と、印鑑を持ってくるようにあなたに指示します。

④あなたが印鑑を持ってくる間に、ニセのカードとメモが入った封筒とすり替えます。ニセ警察官やニセ銀行員は、「手続きが終わるまで大切に保管しておいてくださいね」と言って、帰ります。

預貯金詐欺と同様に、**警察官や金融機関の職員などが、あなたのキャッシュカード**

を預かりに来ることはありません。

最近は、キャッシュカードをすり替えるのではなく、**カードにハサミで切り込みを入れ、使えなくなったように見せかけて持ち去る手口も**あります。

カードに切り込みが入ると使えなくなったと思われがちですが、ＩＣチップやカード番号、名前などが傷ついていなければ使用できます。犯人に暗証番号を知られていると使われるので注意しましょう。

3・架空料金請求詐欺

架空の料金発生の事実を信じ込ませ、お金をだまし取る詐欺です。２０２３年から急増しています。

例えば、次のような手口で、あなたをだまします。

①携帯電話に、犯人から「あなたが利用しているサイトの未納料金が発生しています。下記の電話番号までご連絡ください」というショートメッセージ（ＳＭＳ）が送ら

れてきます。

②明記されていた電話番号に電話をかけると、「○日までに支払わないと法的手続きに入ります」と言われ、「これから言う口座に振り込んでください」「コンビニで電子マネーカードを購入して、カード番号を教えてください」などと、支払い方法が伝えられます。

架空料金請求詐欺は、SMSではなく、法務省や裁判所などの名称で自宅にハガキが届くこともあります。裁判に無縁の人からすると、そんなハガキが届いただけでもドキドキすると思います。

架空の未納料金で連絡があっても、案内されている電話番号にかけてはいけません。もし心当たりがある場合は、未納料金の対象となっているサービスを運営している会社に連絡して確認するようにしましょう。

また、未納料金の支払いに電子マネーカードを購入させることは絶対にありません。**「電子マネーで……」と言ってきたら、すべて詐欺**だと思ってください。

４・還付金詐欺

税金の還付金や給付金などを受け取るためにＡＴＭを操作させ、お金をだまし取る詐欺です。

例えば、次のような手口で、あなたをだまします。

①犯人は、税務署や年金事務所、自治体の職員などを装って、「医療費や保険料の過払い金があります」「一部未払いの年金があります」などと電話をかけてきます。

②さらに犯人は、「払い戻し期限が迫っているので、お電話しました。いまお時間があるなら、携帯電話を持ってＡＴＭに向かってください。到着したら、この電話に連絡ください。操作方法を説明します」。

③ＡＴＭに到着して犯人に連絡すると、操作方法が指示されます。言われた通りにＡＴＭを操作すると、あなたのお金が犯人の口座に振り込まれてしまいます。

「今日まで」「明日まで」と言われると焦ってしまいそうですが、**ＡＴＭの操作で、還付金や給付金などのお金が入ってくることは絶対にありません。**

５・融資保証金詐欺

融資話をネタにお金をだまし取る詐欺です。

例えば、次のような手口で、あなたをだまします。

①大手企業のふりをした犯人から、「無担保、低金利、保証人不要で融資可能」などと書かれたＳＭＳやハガキが届きます。

②明記されている番号に電話すると、犯人から「返済の実績をつくっておきたいので、保証金を振り込んでいただけますか」。

「無担保、低金利、保証人不要で融資可能」と書かれている時点で、大手企業からのお知らせではありません。万一、保証金を振り込んでしまうと、保証金が戻ってこないどころか、さまざまな名目でお金を要求されるので注意してください。

6・金融商品詐欺

投資話をネタにお金をだまし取る詐欺です。

例えば、次のような手口で、あなたをだまします。

①証券会社や銀行などのふりをした犯人から、投資に関するパンフレットやハガキ、SMSなどが届きます。

②その後、犯人から「将来、必ず値上がりする株です。案内が届いた人だけ購入権がありますす」などと、お得な情報を持ちかけられます。

投資話には耳を傾けないことです。

いったん相手と話してしまうと、「興味ありません」と断って電話を切っても、買ったことにされて解約料を請求されることもあります。もちろん、その**電話はガチャ切りしても問題ありません。**

7・ギャンブル詐欺

パチンコやパチスロ、競馬や競輪などの公営ギャンブル、それから宝くじなどでの儲け話をネタにお金をだまし取る詐欺です。

例えば、次のような手口で、あなたをだまします。

①犯人から、「宝くじの当せん番号が事前にわかります。いまから教える番号を明日の新聞で確認してください」と電話がかかってきます。

②翌日、再び犯人から、「当たりましたよね。次回は○日の宝くじの2等がわかるので、その○%を事前に支払っていただけると、お教えすることができますが」。

犯人たちが当せん番号を知っているのは、抽選から新聞に載るまでの時間差があるからで、**実は、誰でも知っている情報**です。

リアルタイムで当せん番号を確認している人はだまされることはありませんが、**新**

聞などの紙メディアを情報源にしている人は注意してください。

8・交際あっせん詐欺

異性と出会える話をネタにお金をだまし取る詐欺です。

例えば、次のような手口で、あなたをだまします。

犯人から、「会員登録すると、あなたに相応しい素敵な女性（男性）を紹介します。登録料は〇万円になりますが、いかがでしょうか」と電話がかかってきます。

登録して会える人は、ほとんど「サクラ」（詐欺グループに雇われている人）だと思ってください。

そして、一度会うと、再び犯人から、「相手の女性（男性）があなたのことを気に入っています。キープしておくには、保証金が必要になりますが……」と、追加の支払いを求められることになります。

登録すると、いろいろな名目でお金を請求されることになるので注意してください。

9・オレオレ詐欺

息子や孫になりすました犯人からの電話で、仕事のトラブルを口実にお金を振り込ませるのが、オレオレ詐欺です。少なくなったと言われていますが、犯人が**身内だと思わせる方法は巧妙に**なってきています。

ある日、息子のふりをした犯人から電話がかかってきます。

犯人「オレだよ、オレ」
あなた「声が違うようだけど、あなた、詐欺の電話じゃないの？」
犯人「いまどきのオレオレ詐欺は、オレオレなんて言わないから。風邪をひいて喉の調子がおかしいんだ。いつもの声と違うのは、そのせいだと思う」
あなた「ところで、どうしたの？」
犯人「携帯電話の番号が変わったから登録してくれないかな」

犯人は、新しい番号を伝えると電話を切ります。

ここで、息子の携帯番号を犯人に言われた番号に上書きすると、だまされる確率がグッと高まります。次にその番号からかかってきたときは、息子からかかってきたと勘違いするからです。

この手口には、警察もだまされたことがありました。

ある銀行で高額なお金をＡＴＭで振り込もうとしていた高齢者を、銀行員が「どちらにお振り込みですか？」と呼び止めました。しかし、「息子が急いでいるので振り込ませてください」と、その高齢者は言い張ります。

それでも詐欺を疑った銀行員は、警察を呼んで息子に電話をかけてもらうことにしました。かけた番号は、少し前に詐欺グループが上書きさせていた、ニセの番号です。

当然ですが、電話の相手は詐欺グループです。

「僕が会社でミスをしたのでお金を振り込んでくれと言いました」

息子にかけていると思われていた電話が詐欺グループにつながり、警察官も犯人にまんまとだまされてしまったのです。

特殊詐欺の手口別認知件数の割合（2023年）

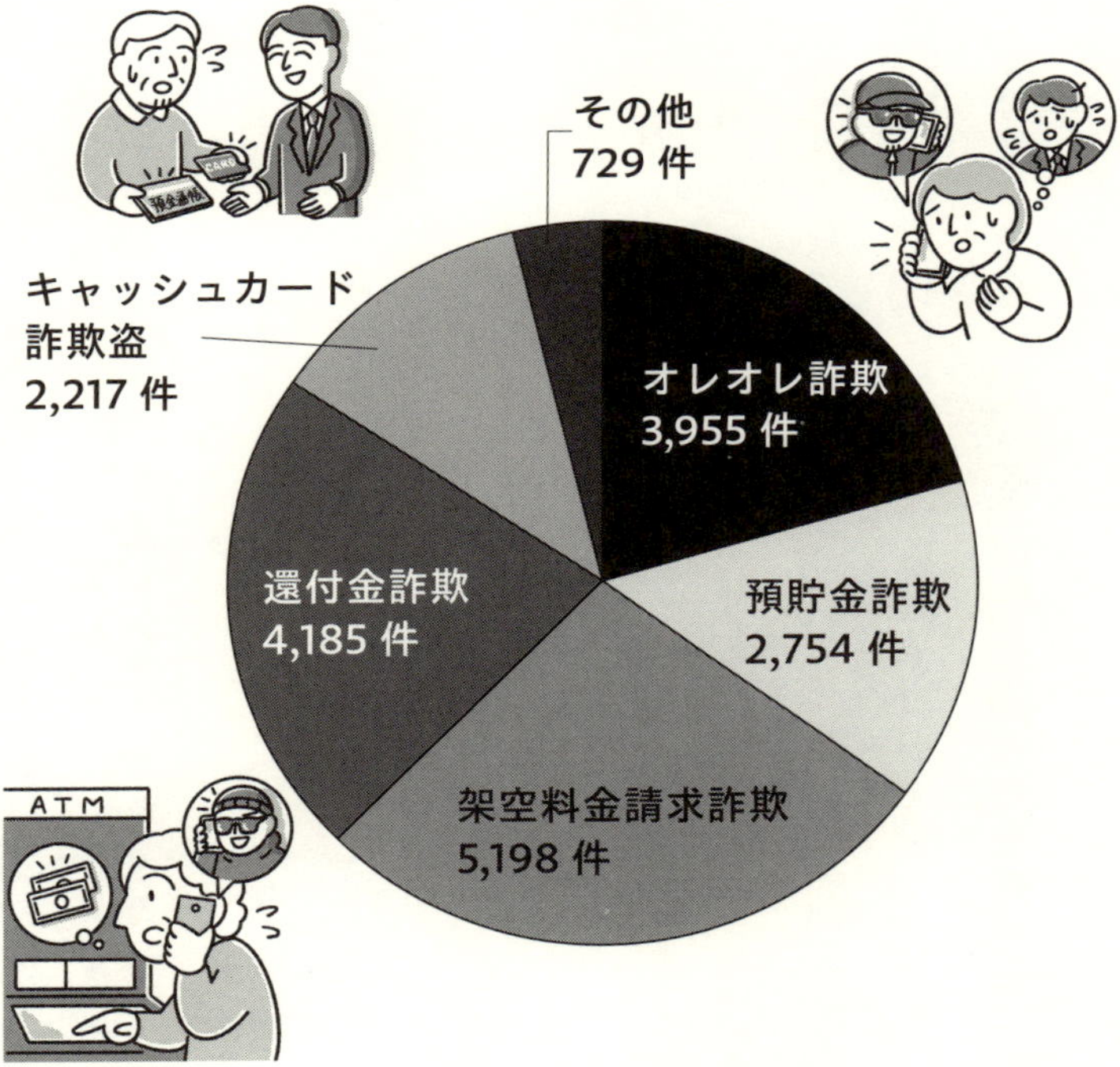

※出典：警察庁「令和5年の刑法犯に関する統計資料」（特殊詐欺）

2022年ごろから再び急増している特殊詐欺の中で、最も増えているのは、「架空料金請求詐欺」。「未納料金が発生しています」のSMSには要注意。

急増するＳＮＳ型投資詐欺。被害額平均は、１件約１３００万円

特殊詐欺に分類されませんが、最近、急激にその被害が増えているのが、インターネットのＳＮＳを使った詐欺です。ＳＮＳ型詐欺と言われています。

高齢者をだます特殊詐欺の入り口の多くは固定電話でしたが、**SNS型の入り口は、スマホ。** 通信技術の向上は、犯罪手口の巧妙化とリンクしており、犯罪者も便利なスマホを使って詐欺を行うのが主流になってきています。

スマホを使った詐欺で、昨今、増えているのが、**投資話をネタにお金をだまし取る「SNS型投資詐欺」**と、ＳＮＳやスマホのマッチングアプリなどで出会った人と直接会うことなくやりとりを続けて、**恋愛感情や親近感を抱かせ、お金をだまし取る「国際ロマンス詐欺」**です。

ＳＮＳ型投資詐欺から解説しましょう。

２０２３年、特殊詐欺の被害額は４５２・６億円でした。一方で、**ＳＮＳ型投資詐欺による被害額は、２０２４年１月～11月までで、なんと７９４・７億円、１件平均約１３３８万円**です。

被害件数は５９３９件、そして被害者の年齢は50～70代が男性は66・７％、女性は65・５％を占めています。この数字を見ただけでも、ＳＮＳ型投資詐欺でだまされている人がいかに多いか、わかると思います。

ＳＮＳ型投資詐欺の**入り口のほとんどが、インスタグラムやＦａｃｅｂｏｏｋ**などのＳＮＳです。そして、**最後にＬＩＮＥに誘導されてお金をだまし取られる。**このパターンが約９割だと言われています。

「ＳＮＳ型投資詐欺は、最後にＬＩＮＥに誘導する」ことがわかっているだけで、だまされる確率はガクンと落ちます。だまされそうになったとしても、「あれ？　ＬＩＮＥに誘導って？」と、詐欺を疑うことができるからです。

詐欺の手口は、過去にあった投資詐欺事件と大きくは変わりません。

例えば、元本保証、年20％の利回りを約束する広告だったとします。最初は、５万円、10万円といった小口投資をすすめてきます。そして、年利20％を信用してもらうために、最初の数カ月は毎月配当金と称して、あなたの口座に振り込みます。

短期間に配当を得たことで犯人を信用してしまうと、詐欺グループは「もう少し投資金額を増やしませんか？　50万円はどうでしょうか」と連絡してきます。配当金が振り込まれた実績があるので、信じてしまうのもわかります。

そして、また毎月配当金を受け取り、１年後にはさらに投資金の増額を提案されます。一度ならず、二度も年20％の利回りを見せられると、「５００万円投資しませんか？」という言葉を受け入れる人がいても不思議ではありません。

こうして**大口投資をしてもらった段階で、連絡を絶つ。**これが、投資詐欺のよくあるパターンです。

SNSだけでの投資はとても危険です。

投資詐欺でだまされる人たちは、投資のことに無知で、何も勉強することなく、お金を預けてしまう人が多いのが特徴です。**投資を理解している人は、年利20％や元本保証などといった甘い言葉にだまされることはない**からです。

投資で元本保証なんてあり得ない話ですし、年利20％もほぼ不可能な数字（短期的にはあるかもしれませんが）です。投資信託の利回りは年5％程度と言われていて、年利10％を超える投資は、かなりのハイリスクだと思ってください。

そもそも、そんな利回りを実現できる人なら、誰にも教えず、こっそり運用するはずです。**投資のために借金をすすめてきたら、すべて詐欺**だと思ってください。

世の中に簡単に儲かる話はありません。**お金が儲かる話は、まずは疑ってかかること。**そして、少しでも違和感があったら、すぐにやめることです。

SNS型投資・ロマンス詐欺の被害が急増

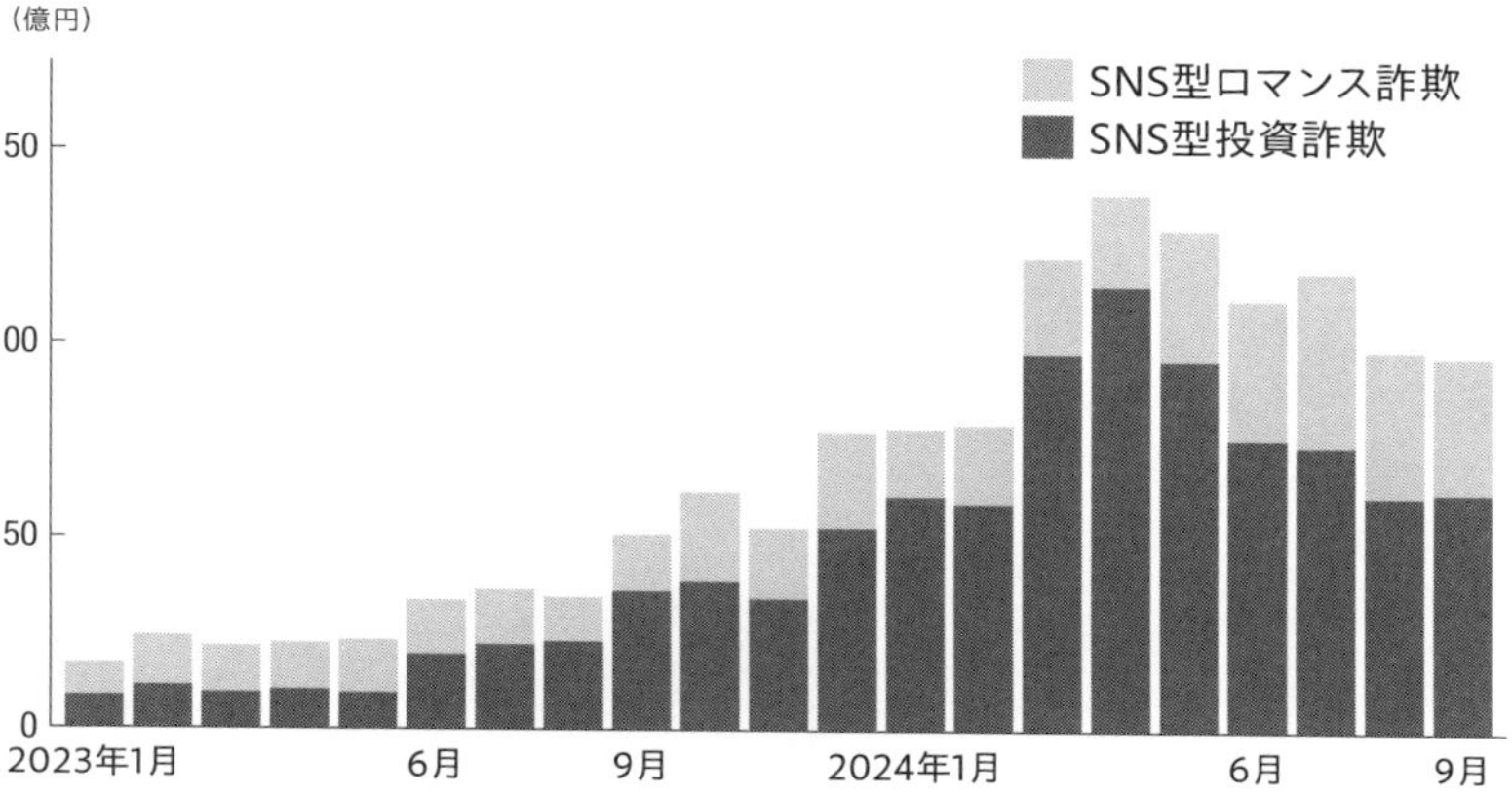

※出典：警察庁発表資料より作成

インスタグラムやFacebookなどのSNSに掲載されている広告の儲け話にだまされる

なりすました架空の外国人に恋愛感情が芽生えて、お金をだまし取られる「国際ロマンス詐欺」

著名人の投資広告は最初から疑ってかかること

質問　堀江貴文さん、西村博之さん、村上世彰《よしあき》さん、池上彰さん、前澤友作さん、彼らに共通することは何だと思いますか？

ＳＮＳの投資詐欺広告に顔と名前を無断で使われた著名人です。

ＳＮＳ型投資詐欺が急増しているのは、こうした著名人を使った広告にだまされている人が多いのも一因です。

当然ですが、**著名人を使った広告に、本当の広告はひとつもありません。すべてニセ広告、詐欺だと思って構いません。**

ＳＮＳ上にニセ広告が出回っている原因のひとつは、インスタグラムやＦａｃｅｂｏｏｋの広告を運営しているのが海外の企業だからです。

日本のテレビ局などで流れる広告は、情報にウソがないかどうかを厳しくチェックされていますが、海外の企業の審査はゆるいため、ニセモノの広告が簡単に表示されてしまうのです。

そのため、**SNS型投資詐欺は海外から攻撃してきていることが多い**のです。

こうした広告にだまされないためには「ちょっとした違和感」を大事にすることです。外国人がつくっている広告なので、細かく見ると「何か変だな」と気づけます。

例えば、「株式」と言わなければいけないところを「術式」という日本語を使っていたり、動画で話している内容と口の動きが違っているなど、**冷静に見るとツッコミどころ満載なのがニセ広告**です。

だまされないためには、まずは、**著名人の広告は疑ってかかること**です。そして、**じっくりと内容を確認すること**です。どんなにお金が儲けられそうな広告でも、「この広告は本当なのだろうか？」と立ち止まって考える癖をつけましょう。

ほとんどはニセ広告なので、最初から無視するのもありです。

「なりすまし」はビックリするほど簡単にできる

ＳＮＳ上にニセ広告が出回っているもうひとつの原因は、デジタル技術の進化によって、**誰かに〝なりすます〟こと（「ディープフェイク」とも呼ばれています）が簡単になった**からです。

先ほどの著名人のニセ広告は、インターネット上にある本人の写真や動画を切り取り、ＡＩ技術で本人の声をつくり、話す内容をつくり、広告として仕上げています。

その精度は年々進化していて、**本人なのか、ニセモノなのかの見極めがだんだん難しくなってきています。**

ちなみに、私もなりすまされたことがあります。私がインスタグラムに投稿している写真を使って、私が投稿しているかのようにページがつくられていました。そのときの私のプロフィールは、カナダ人、独身、京都市出身です。

ディープフェイクの技術だけでなく、**詐欺グループは、とにかく最新技術やツールを駆使してだましてきます。**

それが、**SNS型投資詐欺の検挙率1・8%**に表れています。

他人になりすました**ニセのアカウント**、名乗っている会社は**ペーパーカンパニー**（登記上は存在するが、事業活動の実態のない会社）、闇バイトにつくらせた口座、不正に売買されている**他人名義のスマホ**やＳＩＭカードを使った**「飛ばし携帯」**、詐欺グループ内のコミュニケーションは**秘匿性の高いテレグラムやシグナルといった通話アプリ**など、警察に犯人の糸口をつかませないのが特徴です。

詐欺グループがどこからあなたに近づいてくるのかわかりません。

だからこそ、**詐欺グループの手口やいまのデジタル技術で何ができるのかを知っておくことが大切**です。

ニセモノの広告がある、本人と見分けがつかないニセモノがいることがわかっているだけでも、だまされる確率が下がります。

驚くほど巧みにだまされる国際ロマンス詐欺

ＳＮＳを使った詐欺では投資詐欺だけではなく、国際ロマンス詐欺も増えています。２０２４年は１月～11月までの被害件数は３３２６件、被害額は３４６・４億円になっています。

だまされているのは、男性の場合28・１％が50代、25・８％が60代。さらに、女性の場合28・１％が50代、16・６％が60代と、**だまされているのは若者ではなく、中高年から高齢者**というのが特徴です。国際ロマンス詐欺は、その実例を見ると、とても巧妙にだましてくるのがよくわかります。

ロマンス詐欺の実例①

Ｃさんは旅行好きの女性で、旅先の風景をインスタグラムに投稿していました。そんな彼女に、**ある男性からダイレクトメール（ＤＭ）**が届きます。

「あなたの写真は素敵です。どこで撮りましたか？」

怪しいと思ってアカウントを調べると外国人です。その人も風景写真を投稿しているので、Ｃさんは本物だと思ってしまいました。

フォロワーは５００人以上、ＳＮＳは動いているように見えます。ここまでを見ると問題ないようですが、**よく見ると短期間にたくさんの投稿**をしていました。また、**風景写真の場所を見ると、そんな短期間ではあり得ない移動距離**です。

Ｃさんはその時点で連絡を取らないようにしました。Ｃさんは、詐欺を未然に防ぐことができたということです。

ロマンス詐欺の実例②

離婚してしばらく経ったころに、50代男性・Ｄさんは、軽い気持ちで恋愛マッチングアプリを始めました。そこで知り合った30代女性と意気投合したＤさんは、ＬＩＮＥで連絡を取り合うようになります。

彼女はとても前向きな人で、**「これからインターネットショップを開業してみたい」**

と自分の夢を語り始めます。**「一緒にやりませんか？」**と誘われたDさんは、恋愛感情を抱き始めたこともあって、その話を信用してしまいました。

それからは**商品の仕入れや利益の出金時に必要になる保証金などを彼女に言われるがまま、入金**したそうです。その合計額が1500万円になったとき、Dさんは彼女に連絡しようとしましたが、LINEは既に消されていました。

ロマンス詐欺実例③

40代女性・Eさんは、インスタグラムで韓国が好きだと投稿していました。その投稿を見たある男性が、**韓国人を装って接触**してきます。

Eさんは「国際ロマンス詐欺なの？」と最初は疑いましたが、相手は「違うよ」と自分の住所を伝えてきたそうです。

その住所は、Eさんの好きなアイドルが住んでいる家と同じエリアでした。舞い上がった彼女は、ここで相手の「違うよ」を信じてしまったのです。

それからは「こんなご飯を食べました」「今日はここに行きました」など、何気ない**日常会話のやりとりをインスタグラムのＤＭで**続けます。お金の話は一切ありません。**２週間が過ぎたころ、相手はＥさんをＬＩＮＥに誘導**します。

ＬＩＮＥでも何気ない日常会話が続きます。ただ、毎日70通くらいのやりとりです。

しかし、そのＬＩＮＥが急に途絶えました。Ｅさんは寂しくなります。

お金の話が出てきたのは、ここからです。

「２人の将来のために、共同経営で新たな事業を始めたい。その資金６０００万円の半額、３０００万円を出してほしい」

最初の段階でこのようなメールが送られてきたら、Ｅさんも詐欺だと気づいたはずです。しかし、寂しさが募るほど恋愛感情を持ってしまったＥさんは、相手の提案に応えることにしました。

ただし、Ｅさんは、ギリギリでこの詐欺から逃れることができました。相手が別件で逮捕されたからです。もし逮捕が遅れていたら、間違いなくＥさんはお金を振り込んでいたでしょう。

じっくり時間をかけてだますのが、ロマンス詐欺なのです。

国際ロマンス詐欺を防ぐには、早い段階で対処することが重要です。いったん恋愛感情を持ってしまうと、「恋は盲目」とばかりに、相手を信じたい気持ちが優先して冷静・客観的な判断ができなくなってしまいます。

私も一度、国際ロマンス詐欺かもしれないという相談を受け、高齢の女性に対して、これは国際ロマンス詐欺であることをアドバイスし、警察に被害届を出したのですが、その女性はその後も800万円を振り込むという被害にあってしましました。

国際ロマンス詐欺にだまされたくなければ、**知らない外国人からのアプローチはすべて詐欺と決めつける**くらいで構いません。

メッセージが来ても、一回も返信をせずに無視すべきでしょう。

国際電話はほとんどが詐欺。無視するのが最善策

ＳＮＳ型投資詐欺や国際ロマンス詐欺以外で、スマホを使った詐欺で増えてきているのが、国際電話詐欺です。**スマホにかかってくる国際電話は、ほとんどが詐欺**だと思ってください。

登録していない番号の場合、国際電話は「＋～」で始まる国番号から電話番号が表示されます。その中でも詐欺の電話が多いのは、次の国々です。

- ＋1（アメリカ、カナダ）
- ＋90（トルコ）
- ＋44（イギリス）
- ＋40（ルーマニア）
- ＋43（オーストリア）

この中でも、**＋1（844）で始まる電話番号が詐欺として最も着信件数が多い**と言われます。

また、先ほどもお話ししましたが、末尾を「0110」にして警察になりすましたり、先頭の国番号以外を総務省の実在する電話番号にするなど、見間違えてしまいそうな番号もあるので注意してください。

例えば、60代女性・Fさんは総務省からの電話だと思って出てみると、「Fさんですね。マイナ保険証が不正利用されています。自動音声に従って、変更手続きを行ってください」と言われました。

しかし、Fさんは電話番号が「＋1」から始まる国際電話だと気づいて、すぐに切ったそうです。

Fさんは、怪しい電話だと気づいたのでだまされることはありませんでしたが、国際電話に気づかず、自動音声に従って個人情報を伝えてしまったケースもあります。

国際電話での詐欺に多いのは、**自動音声で実在の企業を名乗り、架空の未納料金を請求する「架空料金請求詐欺」**です。

例えば、「電話料金が未納なので、携帯電話が止まります」「サービス料金が未納なので、携帯電話が通話できなくなります」などと言って、やはり自動音声の案内が続きます。

基本的に**「＋」から始まる番号の電話には出ない**ようにしましょう。

また、携帯電話の各キャリアが提供している、国際電話着信拒否サービスや迷惑電話を着信拒否できるアプリなどを使うのもいいと思います。

スマホにかかってくる詐欺電話がやっかいなのは、**一度電話に出てしまうと、詐欺グループに「カモ」だと思われて、何度もかかってくる**ことです。

基本は出ないこと。そのうえで着信拒否サービスなどいくつかの手法を組み合わせて、詐欺の電話と接点を持たないようにしましょう。

メールやショートメッセージの詐欺は「直リンクしない」

スマホを持つと、電話以外にメールやＳＭＳでも、あなたをだまそうと詐欺グループが近づいてきます。

このタイプで多いのは、**フィッシング詐欺**です。

フィッシング詐欺とは、ニセのサイトに誘導されて個人情報が盗まれる詐欺で、**犯人から送られてくるメールやＳＭＳには、「ｈｔｔｐ：／／ｗｗｗ～」から始まるサイトのＵＲＬ**が書かれています。

そして、その部分を押すと、ニセのサイトのページが開きます。

とてもわかりやすい詐欺の手口なのでだまされる人は少なくなりましたが、知らなければ簡単にだまされます。

ニセのサイトに誘導するメッセージも巧妙で、ひと目では本物の企業から送られてきたのかと見紛《まが》います。さらに、誘導されたサイトも、本物かニセモノか素人目では判別できません。

よく「ニセのサイトを見破る方法を教えてください」と聞かれることがあるのですが、最近の詐欺サイトは、企業ロゴなどを使い見ただけではわからないくらい本当に巧妙にできています。

一般の人が、**目視でニセサイトを見抜くのは難しい**と思います。

最善策は、**企業や金融機関からメールやSMSが送られてきても、「何だろう?」とメールを開かずに、消去すること**です。

開いたとしても、**絶対に明記されているURLを押さないこと**です。

それでも、契約している会社や口座のある銀行などからのメールやSMSだとしたら、気になると思います。

そのときは、その会社や銀行の公式ホームページに自分でアクセスして、情報を確認するようにしましょう。

メールで伝えてきた内容が本当だったら、ホームページにも同じ記事が載っているはずです。絶対に、メールやＳＭＳのリンクから直接、アクセスしようとしないでください。

また、**届いたメールやＳＭＳが詐欺の場合は、本物の企業ページで「こういう詐欺が増えています。ご注意ください」とトップページで注意喚起**しています。

だまされたお金は戻ってくることはない

ここまで読み進めてきたあなたなら、電話をかけてきた相手が「〇〇さんですね。□□県警の者ですが……」と言ってきても、すぐには信じないと思います。

しかし、その手口を知らなければ、警察という言葉に動揺する人が多いと思います。

そして、気づけば犯人の会話にどんどん引きずり込まれていく。**最近の詐欺被害者は、ほとんどが「そういう手口があったのか」と知らなかった人ばかり**です。

いますぐにできる最強の防犯対策は、犯人の手口を知ることです。

最新の手口は、警察庁のホームページなどで日々更新されています。ホームページを見ることができない人は、家族や近所の人などに聞くのもいいでしょう。あるいは、テレビの情報番組などをチェックして、詐欺事件を取り扱っていればどんな内容なのかチェックするように習慣づけましょう。

「詐欺」と聞けば怖いと思いますが、**電話をかけてきたり、お金を振り込ませたりなど、あなたと直に接する犯人の多くは、闇バイトとして採用された素人**です。

彼らは指示役が用意したフォーマット通りに喋っているだけです。あなたが「誰ですか？　詐欺ですよね？」などといろいろ質問するだけで、対応できずに電話を切ることもあります。

そのためにも、詐欺グループの手口を知っておくことが大切なのです。

だまされて振り込んだり、誰かに渡したりしたお金は、戻ってくることはないと思ってください。仮に犯人が捕まったとしても、ほとんど戻ってくることはありません。捕まるのは詐欺グループの末端の人だけで、捕まるころには、お金はすべて指示役と言われる詐欺グループの黒幕に渡っているからです。しかも、捕まるといっても、先ほど紹介したように、ＳＮＳ型投資詐欺の検挙率はたったの１・８％。

自分の大切なお金は自分で守る。

だまされなければ、大切なお金を失うことはありません。

オススメ　最新の防犯グッズ

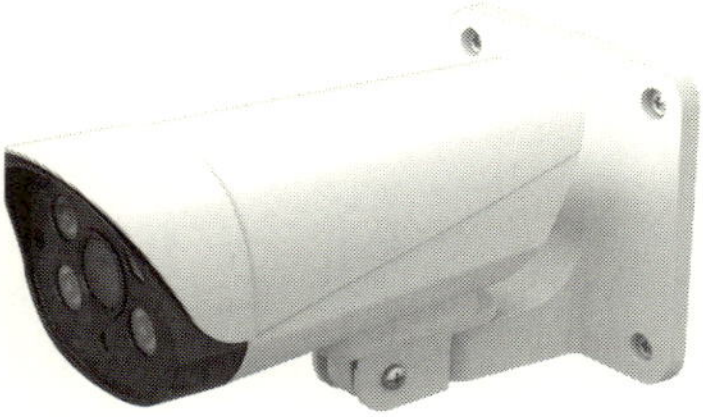

モニター付き屋外カメラ
VL-CV100K（パナソニック）

カメラが家のまわりに怪しい人物を発見したら、自動録画と同時に宅内に通知。犯人にモニター越しに話しかけたり、夜ならライトを点灯させたりして威嚇できる。

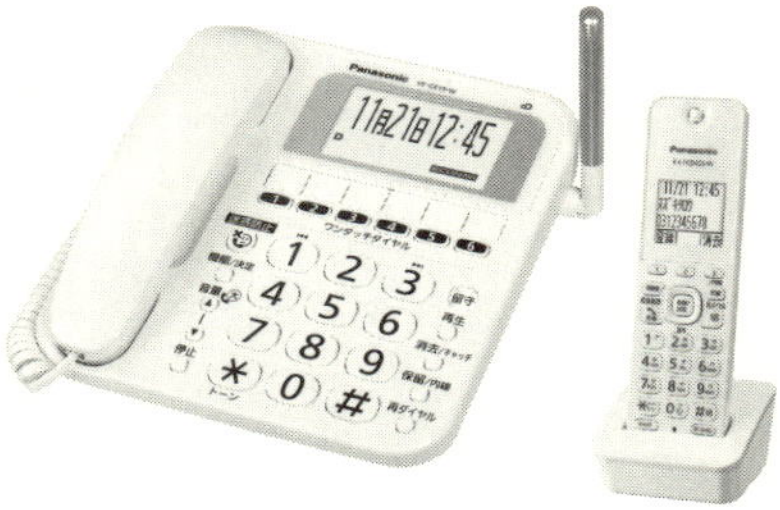

デジタルコードレス電話機
VE-GE19DL（パナソニック）

登録していない相手から電話がかかると、相手に「録音します」というメッセージが流れ、通話開始後は自動録音される。また、電話に出る前には注意喚起のアナウンスも。

モニター付きドアカメラ
VS-HC400（パナソニック）

来訪者がチャイムを鳴らすと宅内のモニターに表示されると同時に、録画も開始。インターネット環境やスマホがなくても使える。

第3章

泥棒、空き巣に狙われないために「いますぐ」できること

空き巣被害の原因の半分は、玄関のカギのかけ忘れ

住居に侵入して金品などを奪う「侵入盗」は、話題になっている闇バイトによる強盗はほんの一部。いちばん多いのが**留守を狙って侵入する「空き巣」**、次に多いのは**家人が寝たのを見はからって侵入する「忍び込み」**です。

警察庁の発表によれば、2023年の住宅を対象にした侵入窃盗は1万7469件で、前年比11・3％増加しています。1日当たりの発生件数は約48件。想像以上に多くの住宅が被害にあっていると思いませんか。

空き巣に狙われる家は侵入しやすそうな一戸建てをイメージするかもしれませんが、**発生件数の約3分の1はアパートやマンションの集合住宅**です。つまり、あなたがどういう家に住んでいても、狙われる可能性があるということです。

もちろん、闇バイト強盗と同じように、侵入されなければ金品を奪われることはあ

りません。空き巣の手口を知って、しっかり防犯対策をしましょう。

質問　空き巣は、あなたの家のどこから侵入してくると思いますか？

空き巣の約半分は、玄関から堂々と入ってきます。

なぜなら、**空き巣は、玄関のカギがかかっていない留守宅を狙っている**からです。カギがかかっていなければ玄関をこじ開けたり、窓を割ったりする必要もなく、らくに侵入できます。実際、**空き巣被害の原因の半分は、無施錠**と言われています。

いまどき玄関のカギをかけ忘れる人がいるの？　と思うかもしれませんが、支度に手間取って慌てていたり、心配事や悩み事を抱えていて考え込んだりしていると、ついカギをかけ忘れることがあります。

あなたも、帰宅して玄関のカギを差し込んで、「あれ？　開いている」と驚いたことはありませんか？

カギのかかっていない家は、空き巣にとってはフリーパス。なんなく侵入して、金品を奪って逃げることができます。

カギのかけ忘れを防ぐには、**「カギをかけたら指差し確認する」**を習慣にすることです。慣れてくると、カギをかけて確認するまでがルーティンになり、カギをかけ忘れることがほとんどなくなります。

カギのかけ忘れ防止には、カギをかけると色が変わったり、メロディが流れたりするグッズを使うのもいいと思います。視覚や聴覚を使って、カギをかけたかどうかがわかるので、かけ忘れも減るはずです。

また、空き巣の被害にあわないためには、ゴミ捨てや近くのコンビニに行くなどといった**短時間の外出でも、必ずカギをかける**ようにしてください。

15～30分くらいの外出を狙っている空き巣もいます。短時間でもカギがかかっていない家なら、侵入して金品などを盗むのは可能です。

高層階だから、オートロックだからといって油断は禁物

先ほど空き巣被害の3分の1は集合住宅と紹介しましたが、それでも「高層階なら大丈夫でしょ」と思っている人がいるかもしれません。しかし、**空き巣は、4階建て以上の中高層マンションでも発生**しています。

高層階だからといって油断は禁物です。

低層階でも高層階でも、玄関までたどり着いて、カギがかかっていなければ侵入するのは簡単です。**中高層マンションでも、犯人の侵入口の約半分は、やはり玄関から**というデータもあります。

集合住宅に住んでいる人の中には、「オートロックマンションだから大丈夫」と思っている人もいます。

ドアが閉まると自動的に施錠されるオートロックは、マンションへの不審者の侵入

を防ぐために設置されていますが、万全というわけではありません。

例えば、**空き巣や忍び込みは「共連れ」を狙っています。**

共連れとは、**マンションの住居者がオートロックのドアを開錠したときに、一緒に入る**方法です。マンションは住人同士の関係性が薄いため、一緒に入ってきた人がそのマンションに住んでいる人なのか、不審者なのかわからないことがよくあります。

フード宅配サービスのバッグを背負っていたり、宅配便の箱を抱えていたりしたら、疑うことはないと思います。最近は、フード宅配サービスのバッグがネットで売られていたりするので、**ニセの宅配員が背負っている可能性もゼロではない**のです。

共連れで侵入されないためには、**オートロックのドアを開錠するときは、開錠する前にまわりに不審者がいないか確認すること**です。怪しい人がいた場合は、時間をおいてからドアを開けるか、110番に通報しましょう。

宅配サービスを装った侵入も要注意です。

インターフォン越しに「○○便です。お荷物を届けにきました」と告げられると、反射的に入り口を開けてしまいそうですが、**あなたが受け取る予定だった荷物かどうか確認できるまで開錠しない**ことです。

間違って不審者を侵入させないためには、駅前などに設置されている**宅配ロッカーサービスやコンビニ受け取りサービスなどを利用する**のもいいでしょう。大規模な集合住宅であれば宅配ボックスが備えられていますが、それがないケースでも、駅前やコンビニのサービスを利用すればボックスでの受け取りは可能です。簡単な操作で、誰でも利用できます。マンション内で受け取らなければ、侵入されることはありません。

不審者がマンション内に侵入すると、自分の家だけでなく、ほかの住人の家も危険にさらすことになります。もしかすると、ほかの住人が侵入させてしまって、あなたの家が狙われるかもしれません。**高層階だからとか、オートロックだからと安心することなく、しっかり防犯対策**しておきましょう。

住宅形態別空き巣に狙われる家の割合（2023年／総数11,788件）

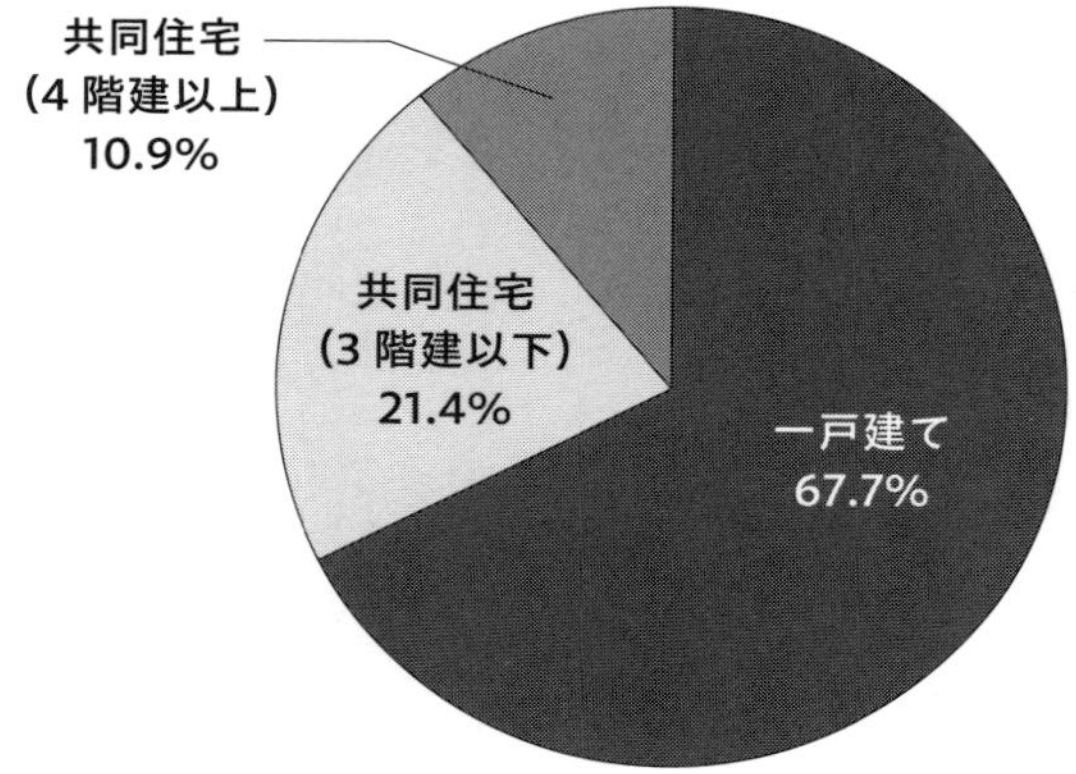

空き巣の狙いは、玄関と窓！

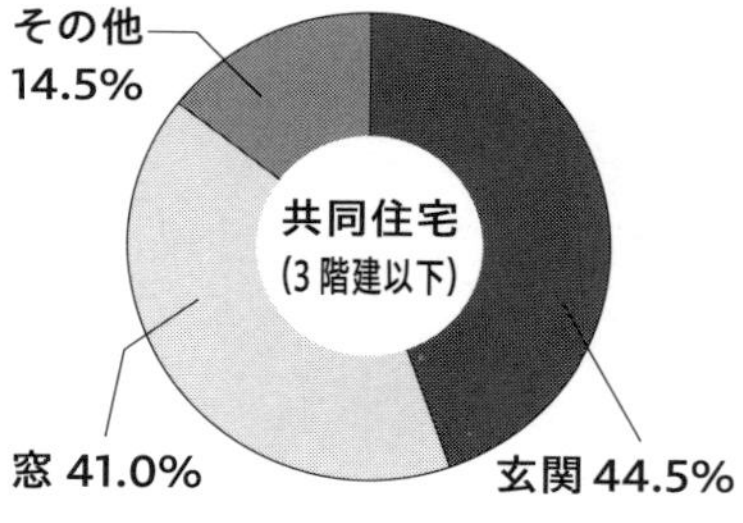

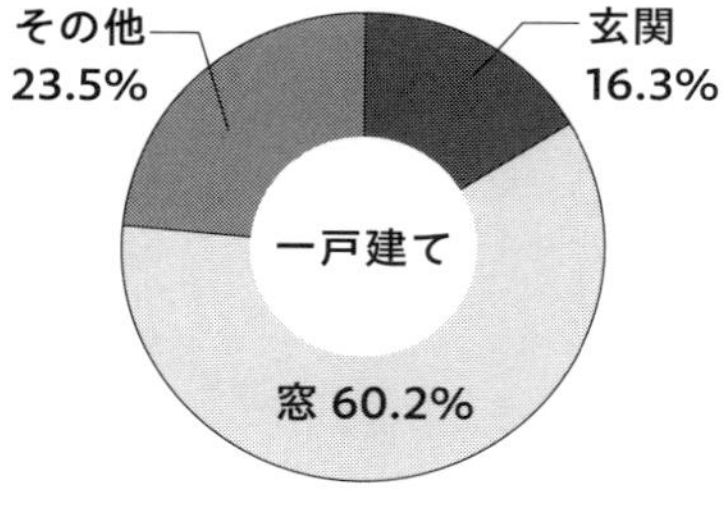

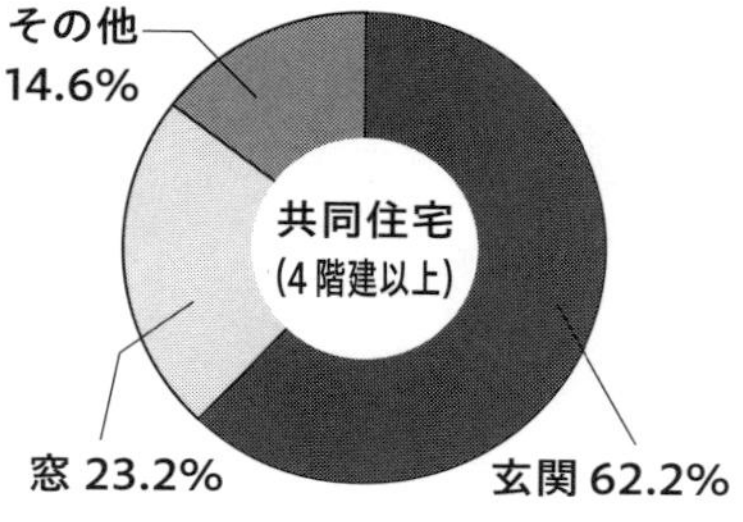

※出典：警察庁「令和5年の刑法犯に関する統計資料」（侵入窃盗）

空き巣が「避ける家」はつくれる

侵入のプロである空き巣や忍び込みは、闇バイトによる強盗とは異なり、狙う家をしっかり下見してから侵入するかどうかを決めています。

質問　下見でチェックするポイントはどこだと思いますか？

空き巣や忍び込みが下見でチェックしているのは、次の2点です。

①狙おうとしている家の住人の行動パターン
②狙おうとしている家の防犯対策

侵入のプロは、闇バイトのようにやみくもに侵入するわけではありません。**住人がいない時間、寝静まっている時間を見はからって侵入**してきます。そのほうが成功する確率が高いからです。

空き巣や忍び込みは、住人と顔を合わせることなく仕事を終えたいのです。

そのため、いつも何時に外出して何時に帰宅するのか、昼間は誰かいるのか、夜は何時ごろに寝るのかなど、狙う家の住人の行動パターンをチェックします。

防犯対策がしっかりしているかどうかも、空き巣や忍び込みにとっては重要なポイントです。侵入するのに時間がかかると、失敗する確率が高くなるからです。

それでは、具体的にどこを見ているのか。

- 玄関まわりが掃除されているか
- ポストや郵便受けに新聞やチラシがあふれていないか
- 玄関のカギはCP部品か、ダブルロックになっていないか
- ガードプレートが取り付けられているか
- 防犯カメラは設置されているか。人感センサーなど光や音で威嚇するルールはあるか。あるとしたら、何台設置されているか

●防犯カメラやインターフォンは最新の設備か
●警備会社の防犯システムを使ってないか……

侵入のプロは、極力リスクを避けます。空き巣被害の原因の半分が無施錠なのは、それだけ見極めてから実行しているということです。

つまり、**下見の段階で「防犯意識の高い家です」「侵入するのが難しい家です」「捕まるリスクが高い家です」**などと犯人にアピールできたら、**それだけで大きな抑止力になる**ということです。

下見をする習慣を逆手にとってあきらめさせる方法もあります。

それは、**怪しい人に気づいたら、「こんにちは」「どうしましたか?」**などと声をか**ける**ことです。空き巣や忍び込みの犯人が下見のときに最も嫌うのは、顔を覚えられたり、犯行を察知されたりすることです。

その声がけで、犯行をあきらめることもあります。

スマート家電で留守を悟られない

あなたは、スマート家電を使っていますか？

スマート家電とは、インターネットやスマホで操作・管理ができる家電のことです。

スマホやタブレットに専用アプリをインストールすると、リモコン代わりに使ったり、離れた場所から（外出先から）操作したり、スケジュールを設定して自動で動かしたりすることができます。

そんな**スマート家電をはじめとする進化したデジタル技術を活用すると、あなたの防犯力が格段にアップ**します。

例えば、**玄関のカギのかけ忘れ防止。**

スマホでカギの開け閉めを管理できるスマートロックなら、家を出た後に「カギをかけ忘れたかもしれない」と心配になっても、外出先から確認して、かけ忘れていればカギをかけることができます。

また、**留守にしているときの侵入者のチェック。**

インターネットに接続できるネットワークカメラ（防犯カメラ）を設置しておけば、外出先からスマホで家の状況を確認でき、侵入者がいた場合は素早く110番通報ができます。

スマート家電と防犯グッズを連動させると、犯人を威嚇することもできます。

深夜に窓ガラスが割られたり、玄関に人が立ったりしたときに自動で玄関やリビングの照明が点けば、空き巣や忍び込みは「住人が起きてきた」と慌てて侵入をあきらめます。

スマート家電を使うと、**犯人に「在宅している」と思わせることも**できます。

スマート家電はスイッチのオン／オフの時間設定ができるので、在宅していなくても、設定した時間になると照明が点きます。帰りが遅くなったときや旅行へ出ているときなど、照明が点いていると犯人に留守を悟られません。

年々増加している「置き配」トラブル

家の中に侵入されなくても、あなたの大切なものが盗まれるリスクはあります。

最近、増えてきているのが、**玄関に置かれた荷物が盗まれる**というトラブルです。２０２３年度に東京都消費生活総合センターが「置き配が盗まれた」などの相談を受けた件数は３６８件。２０２４年度はさらに増加していると言います。

「置き配」とは、荷物を手渡すのではなく、指定された場所（玄関前、メーターボックス、車庫、物置など）に置いていく配送サービスです。

不在のときも受け取れる、配達員と対面しなくても受け取れるという便利さから利用する人が増え、いまでは約7割の人が置き配を利用していると言います。あなたも、置き配で荷物を受け取っていませんか。

配送業者を装って侵入を企てる事件が増えてきていることもあって、置き配を防犯対策として活用している人もいると思います。

そんな置き配の荷物が狙われるようになってきているのです。そこで、大切な荷物を盗まれない対策をいくつか紹介しましょう。

①宅配ボックスを活用する

宅配ボックスはマンションや一戸建てに設置できるので（新しいマンションには設置されている場合もあります）、荷物の盗難だけではなく雨による破損も防ぐことができます。

マンションであればタッチパネルで開閉可能だったり、一戸建ては南京錠やダイヤル錠などで開閉したりするものがよく設置されています。

②自宅以外の場所で受け取る

自宅以外での受け取りを指定できる配送会社もあります。例えば、コンビニならいつでも荷物を受け取ることができ、盗まれることもありません。

また、24時間いつでも荷物を受け取れる、独自のロッカーを用意している配送会社もあります。受取用バーコードや認証番号を使わないと開けられないため、荷物を盗まれることはありません。

③配達完了のメッセージを受け取る

置き配の荷物が盗まれるのを防ぐには、荷物が外に置かれている時間を短くすることです。そこで活用したいのが、配達状況がわかる通知サービスです。メールやＳＭＳで、配達完了をリアルタイムで教えてくれます。

在宅ならすぐに荷物を受け取れるので、盗まれることはほとんどありません。

④防犯カメラを設置する

荷物が盗まれるのを防ぎながら、万一に備えられるのが防犯カメラです。犯人を威嚇することにもなるし、万一盗まれた場合でも、録画された映像が犯人逮捕につながる有力な証拠になります。

置き配の荷物がなくなっているときの対処法も紹介しておきます。

①配送会社に連絡する

まず配送会社に連絡し、配達が済んでいるかどうかを確認してください。置き配の場合、盗まれた責任は原則としてサービスを利用した人にありますが、何らかの補償をしてくれる場合もあります（補償するのは出荷元の場合もあります）。

例えばＡｍａｚｏｎでは、置き配した商品がなくなったときは、再送や返金などの補償を受けることができます。

②警察へ被害届を出す

配送会社に連絡して荷物が配達済みのときは、警察に被害届を提出しましょう。

そこで重要な証拠になるのが、防犯カメラの映像です。置き配の指定場所が防犯カメラに映っている場合、その映像は証拠になる可能性があります。

マンションに住んでいる人は管理会社に連絡して、防犯カメラの映像を提供してもらえるかどうかを確認してください。

車を盗まれないためのCANインベーダー対策

窃盗犯に狙われているのは家だけではありません。**あなたの車も狙われています。**

警察庁が発表した、２０２３年の都道府県別・車の盗難認知件数の総数は５７６２件。被害件数は前年度から28件増え、千葉県、愛知県、埼玉県、茨城県、神奈川県の上位５県で、被害全体の半分以上を占めています。

質問　あなたは、車泥棒はどうやって車を盗んでいると思いますか？

- 運転席側の窓ガラスを割って
- 運転席側のドアをこじ開けて……

こんな乱暴な車泥棒は、いまや皆無。**最近の車泥棒は、あたかも自分の車であるか**

のようにドアを開け、エンジンをかけ、持ち去ります。

車泥棒の最新の手口は、**「CANインベーダー」**という、**車に搭載されている通信システムに不正にアクセスして盗む**方法です。

どうして簡単に盗まれてしまうのかというと、最近の車はあらゆる機能がコンピュータによって制御されているからです。アクセスできれば、キーロックを解除するのも、エンジンを始動するのも簡単です。

CANインベーダーによる盗難では、犯人はものの数分で車を持ち去ると言います。

CANインベーダーがやっかいなのは、現状では不正アクセスを完璧に封じる手段がないことです（車メーカーは対策を講じていると思いますが）。

現段階でCANインベーダーから車を守るのに効果的と言われているのが、車用の防犯アイテムを使った物理的対策です。

①ハンドルロック

ハンドルを物理的に固定して、ハンドル操作できないようにします。

ハンドルロックは固定の仕方によって、ワイヤー型、ハンドル＋ペダル固定型、ハンドルのみ固定型、ダッシュボード固定型に大きく分かれます。**最も防犯性が高いと言われるのは、ダッシュボード固定型**です。

太くて切断が難しいスポーク部（ハンドルの中央部分と外側の円周部分をつなぐ部分）をロックできるため、盗まれにくいと言われています。

ハンドルロックは、車の外からもその存在がはっきりわかるため、**犯人に「盗むのに時間がかかる」と思わせ、抑止力にもなります。**

②タイヤロック

タイヤを物理的に固定して、タイヤが動かないようにします。

タイヤのサイズに合うもので、「タイヤロックを付けていますよ」とはっきりわかるものを選ぶようにしましょう。併せてホイール盗難を防止するホイールのロックナットを付けるのも有効です。

そのほか、**ブレーキペダルを動かないようにする「ブレーキペダルロック」**も有効です。

また、盗難後に自分の車がどこを走っているのか追跡できる**GPS発信装置**や、**駐車場に防犯カメラ**を設置するのもいいでしょう。防犯カメラは、抑止力にもなります。

私のおすすめは、最新の後付けのイモビライザーです。

認証が行われない、あるいは認証が間違っている場合は、シフトチェンジと同時にエンジンが停止し再始動できなくなります。

長時間路上駐車しない、自宅から駐車場が離れているときは定期的にチェックする、防犯対策がしっかりしている駐車場を利用するなどの基本的な防犯対策も、疎かにしてはいけません。

車泥棒に狙われたら、持ち去られるまでわずか数分です。

あらゆる手立てをして、隙を見せないことが大切です。

自動車盗の内訳（2023年／認知件数総数5,762件）

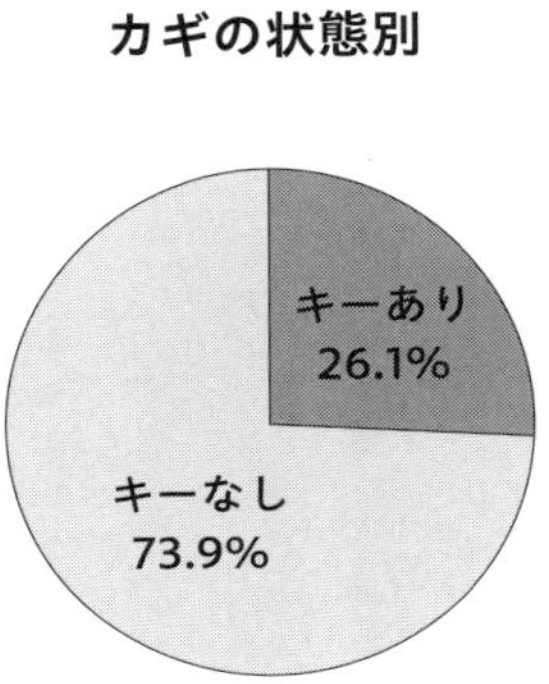

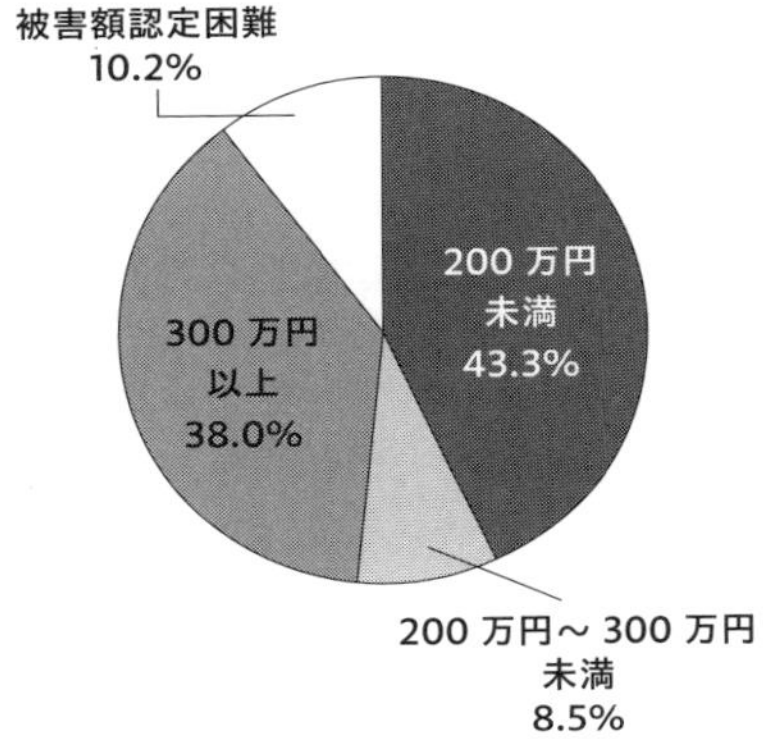

※出典：警察庁「令和5年の刑法犯に関する統計資料」（自動車盗）

キーがなくてもらくらく持ち去る「CANインベーダー」の手口
①バンパーをずらし、内部の配線とコンピュータをつなぐ
②制御システムに不正に侵入してドアを開け、エンジンをかける
③車に乗り込んで逃走する

駐輪場で自転車を盗まれないために

あなたの自転車も狙われています。

ちょっとスーパーまで、駅までなどと移動手段に自転車を利用している人は多いと思いますが、警察庁が発表した最新の犯罪統計資料によると、2023年の自転車盗（自転車の窃盗を行う犯罪）の認知件数は16万4180件です。前年比で3万5297件、27・4％の大幅な増加。1日当たり約450件も自転車が盗まれていることになります。

自転車泥棒で多いのは、「乗り捨て」です。

乗り捨て犯は、**歩きたくないとか、急いでいるといったふざけた理由で他人の自転車を拝借し、目的を果たしたらその場に放置**します。盗む側は軽い気持ちかもしれませんが、盗まれた側はとても困ります。

乗り捨て犯が狙うのは、簡単に盗める自転車です。

つまり、カギがかかっていない自転車です。あなたは、自転車から離れるときに必ずカギをかけていますか？「すぐに用事が済むから」「こんな安い自転車は盗まれないから」などと、カギもかけずに離れていませんか？

乗り捨て犯は軽い気持ちで自転車を盗むため、面倒な自転車には手を出しません。**ワイヤーロックやU字ロックなど頑丈なカギがかかっていたり、前と後ろに二重にカギかかっていたりしたら、すぐにあきらめます。**

簡単に盗めるかどうかが基準なので、高額なものというわけではなく、通勤・通学、買い物など、普段使いのリーズナブルな価格の自転車も狙われます。

盗まれないためには、**カギをしっかりかけて自転車から離れること**です。外出先で自転車を停めるときは、できる限り管理者が常駐する有料駐輪場を利用するようにしましょう。人の目が光っているだけで、乗り捨て犯はあきらめます。

高額なスポーツタイプの自転車を持っている人は、自転車泥棒には、より慎重になる必要があります。というのは、**自転車本体ではなく、パーツだけを盗まれることもある**からです。

目的は、ほとんどが転売。

スポーツタイプはカスタムメイドできるのも魅力のひとつで、高額なパーツを使っている人が多いのも特徴です。

対策としては、**パーツの写真を撮っておく**ことです。盗まれたパーツはネット上で売買されているケースも多いので、記録しておけば、パーツを発見したときに警察に情報提供することができます。

もちろん、本体ごと盗まれないのがいちばんです。

盗まれる場所の約30％が自宅やマンションの駐輪場です。毎日同じ場所に停まっているので泥棒に目をつけられやすいというのが要因だと言われます。敷地内だからといって油断してはいけません。

最も安全なのは、家の中に入れておくことです。

高額なスポーツ自転車や電動アシスト付き自転車などは、基本的に室内で保管しましょう。盗まれないだけではなく、雨や紫外線による劣化を防ぐこともできます。

外出先で盗まれない対策として覚えてほしいのが、**アースロック**です。

自転車は車やバイクと違って車体が軽いので、カギを壊さなくても、そのまま持ち去ることができます。軽トラックの荷台やワゴン車に車体ごと載せてしまえばいいからです。

アースロックとは、**自転車を地面（アース）や、電信柱、ガードレール、駐輪場の柵、街路樹など簡単に動かせないものとつないでおく**方法です。

切断するのが難しい素材（スチールや特殊合金など）を使った道具でつないでおけば、簡単に持ち去られることはありません。

また、高額な自転車を狙っている自転車泥棒は空き巣のように下見をしながら狙いを定めているため、**毎回、停める場所や駐輪場を変えるのも有効な対策**です。

最近の犯罪者は財布より
スマホを狙っている

質問 **あなたは、電話をかけたり、メールを見たり、SNSをしたり、サイトを見たりする以外に、スマホをどんなことに使っていますか？**

- 銀行口座からお金を振り込む（ネットバンキング）
- 電車に乗る（PASMOやSuicaなどの交通系IC）
- コンビニやレストランでお金を払う（PayPayやd払いなどの電子マネー）
- デパートでお金を払う（クレジットカード）
- 投資信託や株に投資する（ネット証券）……

もはや**スマホは、「あなたの財産」**と言える時代です。

現金がほとんど入っていない財布よりスマホを盗んだほうが、圧倒的に利用価値があります。窃盗犯も、スマホを狙っています。

スマホの盗難対策として、まず優先したいのが、**スマホのロック解除を指紋認証や顔認証などの生体認証にする**ことです。

機種によっては対応していないかもしれませんが、スマホを財布代わりに使っている人は、すぐにでも生体認証にしてください。

いつでも、どこでも、時間があるとすぐにスマホを見るのが習慣になっている私たちは、その姿をどこで誰に見られているかわかりません。数字を入力してロックを解除していると、盗まれたときに画面を開かれてしまう可能性があります。

ロックを解除されなければ、スマホを盗まれても悪用されることはありません。

窃盗犯がスマホを狙うのはこんなときです。

①電車での居眠り
②満員電車
③人混み

質問 **電車で眠くなったときや満員電車に乗っているとき、また人混みを歩いているときなど、あなたはスマホをどこにしまっていますか?**

上着やズボンのポケット、口が閉まらないバッグは、すりの常習犯からすると格好のターゲットです。車内の揺れや人の動きに合わせて、簡単に抜き取られることがあります。

人気のリュックも危険です。

背負っていると背中側が死角になるので、背後からジッパーを開けたり、ナイフで割いたりしてスマホや財布を抜き取られることがあります。

電車や人混みでスマホや財布を盗まれないためには、口が閉じるバッグの奥にしまい、前で持つようにすることです。リュックは前で担ぎ直しましょう。

熟睡してしまうと安全とは言い切れませんが、これらを心がけるだけで、起きていればスマホや財布を盗まれることは少なくなります。

スマホや財布を盗まれたときにすぐにやるべきこと

スマホや財布を盗まれたときに、やるべきことは次の3つです。

①キャッシュカード、クレジットカード、スマホを使えないようにする
②マイナンバーカード、保険証、免許証などは必要な機関に盗難の連絡を入れる
③最寄りの交番や警察署に被害届を提出する（受理番号を聞いておく）

やるべきことができたら、犯人にスマホやカード類を悪用されることはなくなります。犯人が捕まれば、スマホや財布は戻ってくる可能性もあります。

①-1　キャッシュカード、クレジットカードの利用を停止するには、カードを発行している会社のお客様センターに連絡しましょう。

●キャッシュカードを盗まれたときの連絡先

一般社団法人　全国銀行協会

https://www.zenginkyo.or.jp/abstract/loss/

※このホームページからあなたが取引している銀行を確認して、連絡しましょう。

●クレジットカードを盗まれたときの連絡先

※主なクレジットカード会社の連絡先です。

※受付は基本的に24時間、年中無休です。

アコム　0120-629-814

アメリカンエキスプレス　0120-020-120

イオン銀行　0570-079-110

オリエントコーポレーション　0120-828-013／携帯電話0570-080-848

クレディセゾン　0120-107-242
JCB　0120-794-082
ジャックス　0120-996-211
トヨタファイナンス　052-239-2811
ポケットカード　0570-064-697
三井住友カード　0120-919-456
三井住友カード（セディナ・OMC）　06-6339-4082
三井住友トラストクラブ　0120-003-081
MUFGカード（UFJカード含む）　0120-107-542
三菱UFJニコス（DCカード）　0120-664-476
三菱UFJニコス（NICOSカード）　0120-159-674
UCカード　06-7709-8500
ライフカード　0120-225-331
楽天カード　0120-86-6910

りそなカード　0120-919-456
PayPayカード　0120-088-181

①-2　スマホの利用を停止するには、まず契約している携帯電話会社に連絡しましょう。連絡先のほとんどが24時間受付・年中無休です。通話料・手数料はかかりません。ただし、停止中も基本使用料・各種サービスの月額利用料などは発生します。携帯会社に連絡を入れると、通話や通信が止められるだけでなく、アプリの利用も止められます。

●主な連絡先
ドコモ　15712（携帯専用）／0120-524-360（一般電話）
au　0077-7-113
ソフトバンク　113（携帯専用）／0800-919-0113（一般電話）
楽天モバイル　0800-600-0500

UQモバイル　0120－925－919　※受付時間：9時～20時（年中無休）
Y！モバイル　0120－921－156

携帯電話会社に連絡したとき、万一、アプリの利用を止められなかったときは、キャッシュレスアプリを利用される可能性があるので、サービス会社に連絡しましょう。

●主な連絡先

PayPay　0120－990－633（24時間・年中無休）
楽天ペイ　https://appuser-help.pay.rakuten.net/
d払い　#9785（ドコモの携帯電話から無料）／0570－018－360（有料）
モバイルSuica
https://www.jreast.co.jp/mobilesuica/procedure/losstheft.html

メルペイ　https://help.jp.mercari.com/guide/articles/1058/

②マイナンバーカード、保険証、免許証などの連絡先は以下になります。

●マイナンバーカードを盗まれたときの連絡先

マイナンバー総合フリーダイヤル　０１２０－９５－０１７８　※24時間、年中無休

●保険証や免許証を悪用されないための連絡先

全国銀行協会　全国銀行個人信用情報センター　０１２０－５４０－５５８（携帯電話から）０３－３２１４－５０２０　※月曜～金曜9時～12時、13時～17時

指定信用情報機関（ＣＩＣ）　０５７０－６６６－４１４　※月曜～金曜10時～16時（土日祝・年末年始を除く）

日本信用情報機構（ＪＩＣＣ）　０５７０－０５５－９５５　※月曜～金曜10時～16時（祝日・年末年始除く）

第4章

家の外で犯罪にあわないために「いますぐ」できること

あおり運転されないために必要な5つのこと

あなたは車を運転していて、後ろの車にあおられたことはありますか？　怖いですよね。ドキドキしながらアクセルを踏んだり、車線変更して追い越させたりした経験がある人もいると思います。

あおり運転は、前方を走る車に急接近してきたり、パッシングやクラクションで威嚇したり、横に並んで幅寄せしたり、前に出て急ブレーキをかけたりする悪質で危険な運転です。

２０１７年、あおり運転が原因で起きた東名高速道路での死亡事故以来、社会問題にもなっています。

そして２０２０年には道路交通法が一部改正され、ほかの車の走行を妨害する目的で急ブレーキ、急接近、追い越し、進路変更、パッシングやクラクションによる威嚇などが妨害運転罪の対象になりました。

しかし、犯罪の対象になったからといってあおり運転がなくなるわけではありません。チューリッヒ保険会社が行った２０２４年の「あおり運転実態調査」によると、あおり運転をされた経験があるドライバーは72・５％、２０２３年調査の53・５％から19ポイントも上昇しています。

あおり運転されないためには、まず交通ルールを守って無理な運転をしないことです。無理な運転とは、次のような行為です。

- 強引に車線変更をする
- 赤信号直前なのに突入する
- 急ブレーキを踏む
- クラクションを鳴らす
- 法定速度を大きく下回る速度で走行する……

後ろの車のドライバーを怒らせたり、イライラさせたりしなければ、あおられるリスクは格段に減ります。

あおり運転の対象となる10項目

①車間距離を極端に詰めて接近する （車間距離不保持）	
②不要なクラクションを鳴らす （警音器使用制限違反）	
③幅寄せしたり、無理に割り込んだりする （安全運転業務違反）	
④対向車線からセンターラインを越えてはみ出す、逆走する （通行区分違反）	
⑤後ろに車がいる状態で故意に急ブレーキをかける （急ブレーキ禁止違反）	
⑥急に進路変更したり、蛇行運転したりする（進路変更禁止違反）	
⑦左車線から無理な追い越しをする（追越し違反）	
⑧執拗にパッシング、ハイビームを続ける（減光等義務違反）	
⑨高速道路で最低速度以下で走り続ける（最低速度違反）	
⑩駐車禁止の高速道路や自動車専用道路で車を停める （高速自動車国道等駐停車違反）	

あおり運転に巻き込まれたらどうする？

交通ルールを守って運転していても、あおられるリスクがゼロになるわけではありません。あなたの運転が原因ではなく、後ろの車のドライバーが個人的な理由でイライラしていることがあるからです。

中には、あおり運転を楽しんでいる異常者もいます。

対策としては、**ドライブレコーダーを車の前後に付ける**ことです。

最近は、標準装備されている車が多くなりましたが、前だけでなく、後ろにも付けることをおすすめします。ドライブレコーダーを装着しているのが相手にわかるだけで、抑止力になります。

はっきりわからせるために、**「ドライブレコーダー前後録画中」といったステッカーを貼る**のもいいでしょう。

それでも、あおってきたらどうするか?

路肩に停めたり、車線変更できたりするときは、後ろの車に道を譲りましょう。後ろの車が追い越してくれたら、もうあおられることはありません。ただし、焦ると二次被害を起こす危険性があるので、落ち着いて運転してください。

幅寄せしたり、前に出て急ブレーキをかけたりするなど悪質な場合は、こちらが車を停めると、相手も車を停めてドライバーが降りてくることがあります。

そういうときは、**ドアロックをして窓やドアは絶対に開けないように**してください。そして、**ためらわず110番通報**です。同乗者がいる場合は、車を停める前に110番通報してもらいましょう。

近くに交番や警察署があるときは、逃げ込むのもいいでしょう。

あおられたときに絶対にしてはいけないのは、あなたが感情的になることです。**とにかく逃げることだけを考える**ようにしましょう。

トラブルを誘発する「ながらスマホ」

歩いているときにも、トラブルに巻き込まれることがあります。**注意したいのは、背後**です。いきなり後ろから襲われると、あっという間に犯人の思いのままにされるリスクが高いからです。

そんな危険から身を守るために、避けたいのが「ながらスマホ」です。

スマホでSNSやメールのやりとりをしたり、ニュースサイトや動画を見ていて**画面に夢中になっていると、無防備な状態になる**からです。

ながらスマホは、背後だけでなく、前からの危険も回避できなくなることもあるので注意してください。ながらスマホで歩いていて前から来た人とぶつかってケガをさせることがあれば、あなたは事故の加害者です。

ながらスマホはいけませんが、**人通りが少ない道や街灯がない暗い道を歩いている**

ときに、護身用としてスマホを手に持って歩くのはおすすめです。

スマホは電源ボタンを素早く5回押すと、緊急SOS機能が作動して大音量で警告音が鳴ります。つまり、**防犯ブザーの代わりになる**からです。万一のときの手段として覚えておくと便利です。

イヤホンを使って音楽を聴きながら歩くのも危険です。犯人が背後に迫ってきても、気づかないことがあるからです。

もちろん、背後に迫る犯人から身を守るには、**人通りが少ない道や街灯がない暗い道をひとり歩きしないことが基本**です。犯人は、人目につく場所や死角がない場所では何もしてきません。

夜遅くに帰るときは、遠回りになって時間がかかったとしても、明るい場所を歩いて帰るようにしましょう。どうしても暗い道を歩かなければいけない人は、タクシーに乗って帰るのもいいと思います。

ひったくりにあわない方法

歩いているときは、ひったくりにも注意です。

歩いている人にバイクや自転車で近づいて、バッグやスマホを奪い去っていくのがひったくり。**ひったくり犯の約8割が、後方から接近する**と言います。背後からの不審者同様、ながらスマホやイヤホンの着用は危険だということです。

警察庁の調べでは、2023年の**ひったくり被害者の67・7%が女性**でした。女性は男性と比べて、現金やカードなどが入った財布やスマホ、貴重品をバッグに入れて行動するので狙われることが多いと言われます。

また、ひったくりがよく発生するのは、午後8時以降の夜間帯。仕事疲れや酒酔いで注意散漫になっている人が狙われているようです。

ひったくり対策として有効なのは、**車道から手が届かない反対側にバッグなどを持つ**ことです。バイクや自転車から手が届かなければ、奪われることはありません。また、**ショルダーバッグはたすき掛け**にしたほうがいいでしょう。

もし、**被害にあったときは犯人を追いかけない**でください。

基本的に、ひったくり犯はバイクや自転車に乗っています。追いかけても捕まえるのは難しいからです。

それよりも**「ひったくりです！」「泥棒！」などと、大声でひったくりが起きたことを周囲の人に伝える**ことです。そして、犯人の特徴（人数、顔や衣服の特徴、乗っていたバイクや自転車の特徴）をできるだけ詳しく覚えたり、犯人が逃げていった方向を確認したりしましょう。

それから、なるべく早く警察に連絡することです。

もし、バッグと一緒にスマホを盗まれてしまったら、近くにいる人に１１０番通報してもらいましょう。

イヤホンをしたまま自転車に乗るのも罰則の対象に

通勤・通学、買い物はもちろん、スポーツタイプであれば長距離移動もできる自転車を利用する人は多いと思います。一方で、利用者が増えたことで、多発しているのが自転車事故です

２０２３年の**自転車がかかわった交通事故７万２３３９件の原因の多くは、「ながらスマホ」や「酒気帯び運転」**。それを受けて、２０２４年11月、道路交通法改正で自転車の運転に対する新たなルールが導入されました。

①「ながらスマホ」

自転車を運転しながらスマホを操作する「ながらスマホ」は禁止です。違反した場合、**６カ月以下の懲役または10万円以下の罰金**が科されます。事故を引き起こした場合は、１年以下の懲役または30万円以下の罰金です。

道路交通法による「ながらスマホ」での運転とは、次のような状態を指します。

①運転しながら手でスマホを持ち、通話やメッセージの送受信を行うこと

②運転しながら、地図アプリなどの画面を見続けること

②酒気帯び運転

血液中のアルコール濃度が一定以上の場合、車やバイクと同様に自転車の運転も禁止です。違反した場合は、**3年以下の懲役または50万円以下の罰金**が科されます。

また、**自転車を運転しながらイヤホンを使うことも罰則の対象**になります。イヤホン使用は事故のリスクを高めるということです。

イヤホンを使うと周囲の音が遮断され、車のクラクションや歩行者の声、自転車のベルなど危険を知らせる音が聞こえにくくなります。

また、**イヤホンの音に集中すると反応速度が遅れる**こともあります。これは複数の

タスクを同時に処理しようと脳に負担がかかるからです。そのため、突然誰かが飛び出してきたり、障害物が現れたりしたときに反応が遅れて、事故を避ける行動が取れなくなります。

イヤホンの使用については都道府県ごとに条例が異なります。

交通量の多い東京都の場合は周囲の音が聞きづらい状態で運転するととても危険なので、イヤホンの使用は禁止されています。一方で具体的な規制が設けられていない自治体もあります。

仮に条例がない自治体であっても、イヤホンをしたまま自転車に乗らない方がよいでしょう。

おわりに

うちの家は大丈夫。

私はだまされない。

そのような思い込みが、事件に巻き込まれるリスクを高めることにつながります。

本編で話したように、「どんな家が狙われるのか」「誰が狙われるのか」わからないのが今の日本です。

お金持ちではないからとか、田舎で暮らしているからとか、だまされたことがないからとか油断している人ほど、犯人からすると格好のターゲット。いま、犯罪対策がされていない人や地域が狙われているのです。

本書を手にしているあなたは、少なくとも防犯意識が高い人だと思います。

昨今メディアを賑わせている闇バイトによる強盗や特殊詐欺などから、自分、もしくは家族の大切な財産と命を守るための対策を考えようとしているからです。

防犯対策で大切なのは、まず犯罪の手口を知ることです。

強盗や空き巣などは、あなたの家にどうやって侵入してくるのか。詐欺は、あなたにどうやって近づいてくるのか。

手口がわかれば効果的な対応策を考えられます。詐欺の場合なら、手口を知っているだけで、だまされる確率は格段に下がります。犯人の話をすぐに信じてしまうことがなくなるからです。

次に大切なのは、正しい対応策を知ることです。

本編で紹介した内容がその答えになりますが、これをやっていれば大丈夫ということはありません。

不安をあおられ、言葉巧みに誘導されたりすると、ふだん通りの対応ができなくなるのが私たちです。そのためにも、事前に正しい対応策をしっかりインプットしておく必要があります。

大切なことをもうひとつあげると、防犯知識をアップデートすることです。犯罪の手口は、日々進化しています。犯人は捕まりたくないのですから、今の手口が通用しなくなれば新たな方法を考えるのは当然です。

特に詐欺の手口は、あの手この手でだましてくるのでアップデートが必須です。犯罪は対策をされたらまた新しい手口にアップデートしてきます。そのため、私たちも防犯対策をアップデートしなければなりません。

あなたや、あなたの家族の財産や命を守るには、あなたの防犯意識を高めることから始まります。その最初の一歩として本書を活用していただければ幸いです。

2025年3月　佐々木成三（元埼玉県警捜査一課刑事）

佐々木成三（ささき・なるみ）

元埼玉県警察本部刑事部捜査第一課警部補。

一般社団法人スクールポリス理事。

埼玉県警に 22 年間勤務、捜査一課ではデジタル捜査班の班長としてデジタル証拠の押収解析を専門とし、携帯電話の精査や各種ログの解析を担当。2017 年、「事件を取り締まるのではなく、犯罪を生まない環境を作りたい」という思いから埼玉県警を退職。現在はコメンテーターとしてメディアに多数出演するほか、「一般社団法人スクールポリス」の理事を務め、学校や企業での講演など幅広い活動を行っている。

闇バイト強盗、特殊詐欺、盗難から身を守る
いますぐ防犯

発行日　2025年3月11日　第1刷

著者　佐々木成三

本書プロジェクトチーム
編集統括　柿内尚文
編集担当　池田剛
編集協力　洗川俊一、洗川広二
デザイン　鈴木大輔、江﨑輝海（ソウルデザイン）
イラスト　長野美里
DTP　野中賢・安田浩也（システムタンク）
校正　永森加寿子

営業統括　丸山敏生
営業推進　増尾友裕、綱脇愛、桐山敦子、相澤いづみ、寺内未来子
販売促進　池田孝一郎、石井耕平、熊切絵理、菊山清佳、山口瑞穂、吉村寿美子、矢橋寛子、遠藤真知子、森田真紀、氏家和佳子
プロモーション　山田美恵

編集　小林英史、栗田亘、村上芳子、大住兼正、菊地貴広、山田吉之、福田麻衣、小澤由利子
メディア開発　中山景、中村悟志、長野太介、入江翔子、志摩晃司
管理部　早坂裕子、生越こずえ、本間美咲
発行人　坂下毅

発行所　株式会社アスコム

〒105-0003
東京都港区西新橋2-23-1　3東洋海事ビル
TEL：03-5425-6625

印刷・製本　日経印刷株式会社

Printed in Japan ISBN 978-4-7762-1393-2